アブドュルハミドニ世　Alamy 提供

アブドュルハミド二世の政治の中心となった宮殿。Alamy 提供

ユルドゥズ宮殿

قانون اساسی
قانون اساسی یه دائر شرف صدور ایدن خط همایون
عدالت مشحون شاهانه نك صورت
منیفه سیدر
استانبول — مطبعهٔ احمد کامل

オスマン帝国憲法表紙　Alamy 提供

新・人と歴史 41

アブドュルハミド二世

西欧へのオスマン帝国の抵抗

設樂國廣 著

SHIMIZUSHOIN

はじめに

アブドゥルハミド二世は、一九世紀末から二〇世紀初めにかけて、オスマン帝国末期の一八七六年から一九〇九年まで約三三年間スルタンとして君臨した。この時代は西欧諸列強が帝国主義政策をもって植民地建設による世界支配をおこなっていた時代であった。広大なオスマン帝国に対して列強は互いに牽制しつつ、帝国主義的侵略を進めていた。オスマン帝国は東欧のバルカン半島を領土とする西欧諸国の隣国であり、一八世紀末、ナポレオンのエジプト遠征を契機として西欧諸国およびロシアの内政干渉を受けるようになり、ナポレオン戦争の終結をめぐるウィーン会議においてヨーロッパの一員として遇された。アブドゥルハミド二世の治世の初期には、オスマン帝国の領土はバルカン半島はじめアナトリアそしてチグリス川以西の西アジア、およびリビアを含む北東部アフリカに広がっていた。しかし、一八五九年のオスマン゠ロシア戦争（クリミア戦争）終結後に始まった外国借款は、一八六一年に即位したアブドゥルアジズによりさらに膨れ上がり国庫は破綻し、アブドゥルハミド二世の即位時には、債務の支払いは自力では不可能な状態であった。

アブドュルハミド二世は、一八七六年このような混沌とした状態にあったオスマン朝第三四代スルタンに即位し、ただちにミドハト・パシャの起草したアジアで最初の近代的憲法を成立させた。しかし、オスマン＝ロシア戦争（九三年戦争）講和問題を契機に議会を閉鎖して立憲体制を廃し、治世末期の一九〇八年にいたるまで長期間専制政治を続けた。アブドュルハミド二世は専制政治維持のため、スルタン自身の保身にはしり、列強への従属的政策をとり、国内利権の列強への譲渡や領土の喪失をもたらした。アブドュルハミド二世は対外政策において、フランスとは友好関係はわずかに維持していたが、イギリスとはエジプト問題によって次第に対立を深め、ドイツに接近した。またロシアとは対立しつつもその圧力に屈していた。アブドュルハミド二世の対外的従属政策のため国内の経済状態は悪化し、民衆の困窮が増大した。

アブドュルハミド二世の専制政治を批判して、スルタン権力の制限を定めた憲法の復活を求める若い軍人や知識人たちが、弾圧されながらも活動を続けた。反専制政治運動は、ドイツやイタリアの統一運動などに模されてヨーロッパでは青年トルコ人運動と名づけられた。青年トルコ人運動の一つである「統一と進歩委員会」は、弾圧を受け組織的には紆余曲折があったが、海外に亡命するなど活動を続け、一九〇八年七月に憲法の復活を達成した。

アブドュルハミド二世はその在位中に憲法の制定、停止、復活をおこなったスルタンであっ

マフムト２世廟　Alamy 提供

た。しかし、憲法復活後の一九〇九年四月、議会を牛耳る統一と進歩委員会によりアブドュルハミド二世は、三・三一事件を起こした反革命勢力と同調したとして、強引に廃位させられ、サロニカに幽閉された。

バルカン戦争によりサロニカがギリシア軍によって陥落する直前に、脱出しイスタンブルに帰還して、ベイレルベイ宮殿に幽閉された。

❖アブドュルハミド二世の墓

アブドュルハミド二世の、現在の評価について、そのひとつとして、アブドュルハミド二世の墓の説明文にその一端を垣間見ることができる。アブドュルハミド二世の廟は単独では存在しない。祖父の改革者として有名なマフムト二世の廟内に葬られている。廟の場所は、イスタンブルの繁華街に当たる、グランドバザールとして知られるカパルチャルシュからアヤ・ソフィヤ寺院に至るディヴァン・ヨルの中程にあるチェンベリ・タシュ（鉄輪の石柱）に近く、キョプユリュリュ図書館の向かい側である。墓の説明板には次のように書かれている。

アブドュルハミド二世は背が高く、肌はオリーブ色で、額が出て、目の色は黒く、髭は濃く真っ黒であった。彼は高名な学者に教育され、記憶力は抜群で、正しい判断力を持っていた。彼は政治的能力に優れていたばかりでなく、体力も優れており、スポーツを好んだ。勇敢であり、信心深く、イスラム神秘主義についての知識も豊かであった。

スルタン、アブドュルハミド二世は、警察機構を創設し、新たに商法、刑法を制定した。また、検事総長職を創設した。彼の統治期間に、新たな産業育成がはかられ、造船ドック、帽子（フェズ）工場、織物工場などが建設された。外国の借款の返済に努め、五二〇〇万金リラから三〇〇〇万金リラへと減少させた。

新たなシステムの農業を起こした。農業、林業、経済、芸術、法律、商業、医学、教育の分野に高等教育を施すための学校を設立した。これらのすべての学校は今日も継続して教育を推進している。各村に小学校を建設し、三〇〇の中学校を建設した。そこでは新しいカリキュラムによる教育がおこなわれ、外国語も教えられた。

考古学博物館や戦争博物館が建設され、いくつかの図書館も建設された。貧窮民のための病院が設立され貧困民救済の施設も建設された。

アブドュルハミド二世は一九〇九年廃位され、サロニカに流された。サロニカが侵入者の手に落ちる直前にイスタンブルのベイレルベイ宮殿に移された。一九一八年二月一〇日に亡くなり、彼の叔父のアブドュルアジズに続いて祖父のマフムト二世のかたわらに埋葬された。行年七四歳であったが、彼の最大の対立者さえも彼の死を悼んで涙した。ここには、アブドュルハミド二世が近代化・西欧化政策をおこなったことが強調されており、通説としてしばしば強調されて来たイスラム主義への言及がほとんどないことが注目される。

（なお本書での固有名詞は当時に使用されていたものを参考にした）

目次

V　アブドュルハミド二世治世末期

終章

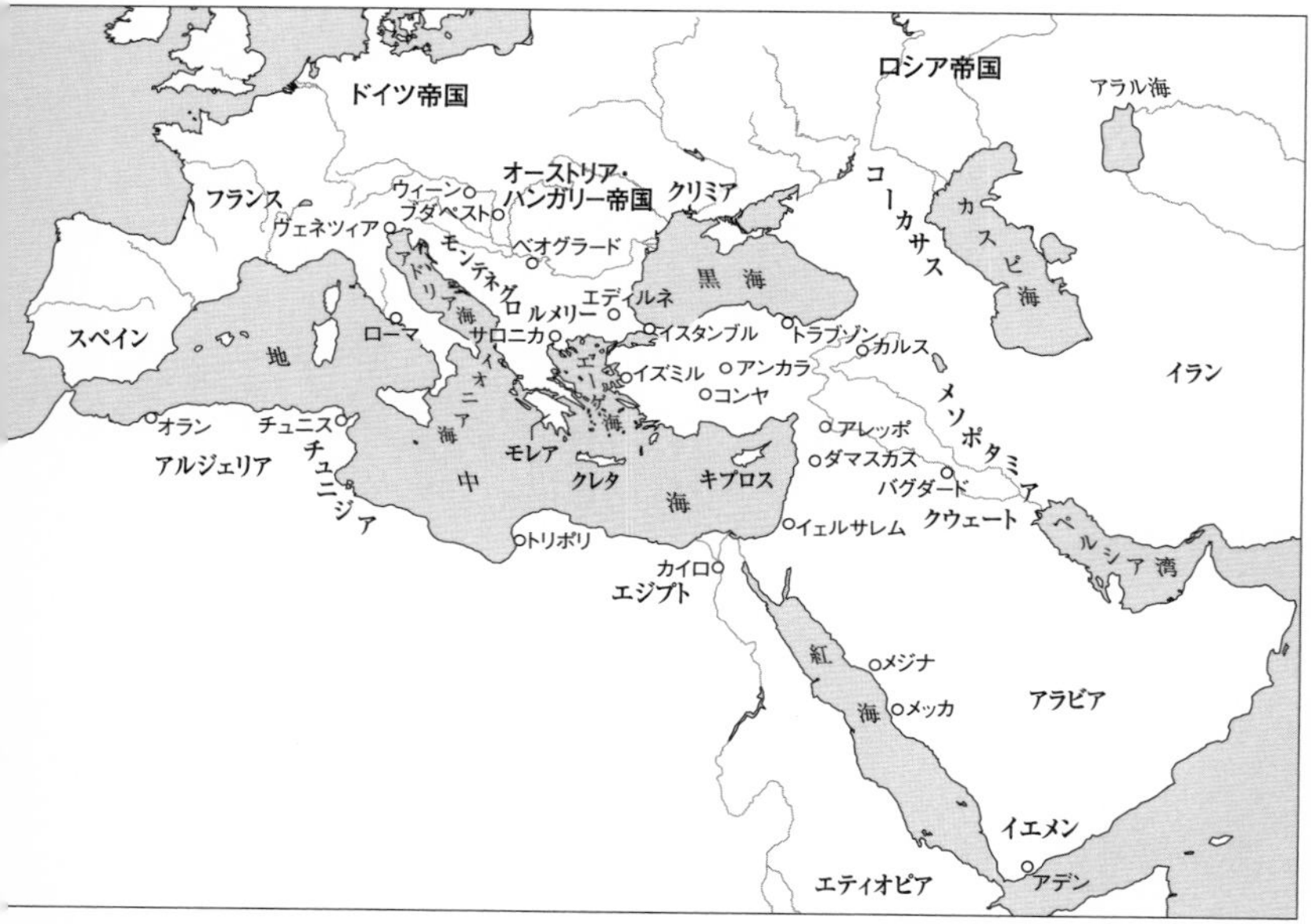
ドイツ帝国
ロシア帝国
アラル海
オーストリア・
ハンガリー帝国
クリミア
ウィーン
ブダペスト
フランス
ヴェネツィア
ベオグラード
モンテネグロ
アドリア海
黒海
コーカサス
カスピ海
エディルネ
ルメリー
スペイン
ローマ
サロニカ
イスタンブル
トラブゾン
カルス
地
イオニア海
エーゲ海
イズミル
アンカラ
コンヤ
イラン
メソポタミア
オラン
チュニス
アルジェリア
チュニジア
アレッポ
ダマスカス
バグダード
モレア
中
クレタ
キプロス
海
イェルサレム
クウェート
ペルシア湾
トリポリ
カイロ
エジプト
紅海
メジナ
メッカ
アラビア
イエメン
アデン
エティオピア

オスマン帝国

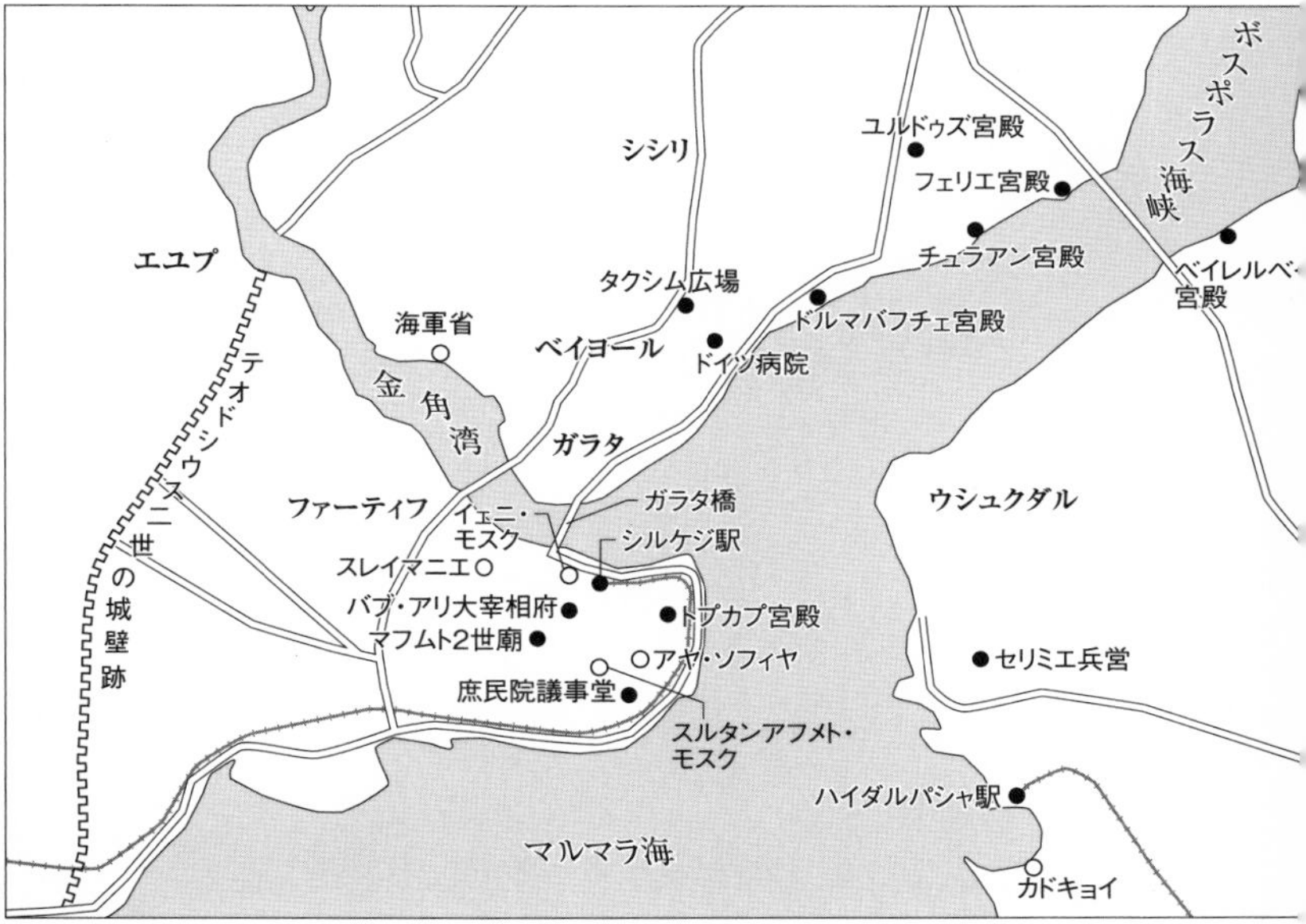
ボスポラス海峡
ユルドゥズ宮殿
シシリ
フェリエ宮殿
エユプ
チュラアン宮殿
ベイレルベイ宮殿
タクシム広場
ドルマバフチェ宮殿
海軍省
ベイヨール
ドイツ病院
テオドシウス二世の城壁跡
金角湾
ガラタ
ウシュクダル
ガラタ橋
ファーティフ
イェニ・モスク
シルケジ駅
スレイマニエ
バブ・アリ大宰相府
トプカプ宮殿
マフムト2世廟
アヤ・ソフィヤ
セリミエ兵営
庶民院議事堂
スルタンアフメト・モスク
ハイダルパシャ駅
マルマラ海
カドキョイ
イスタンブル

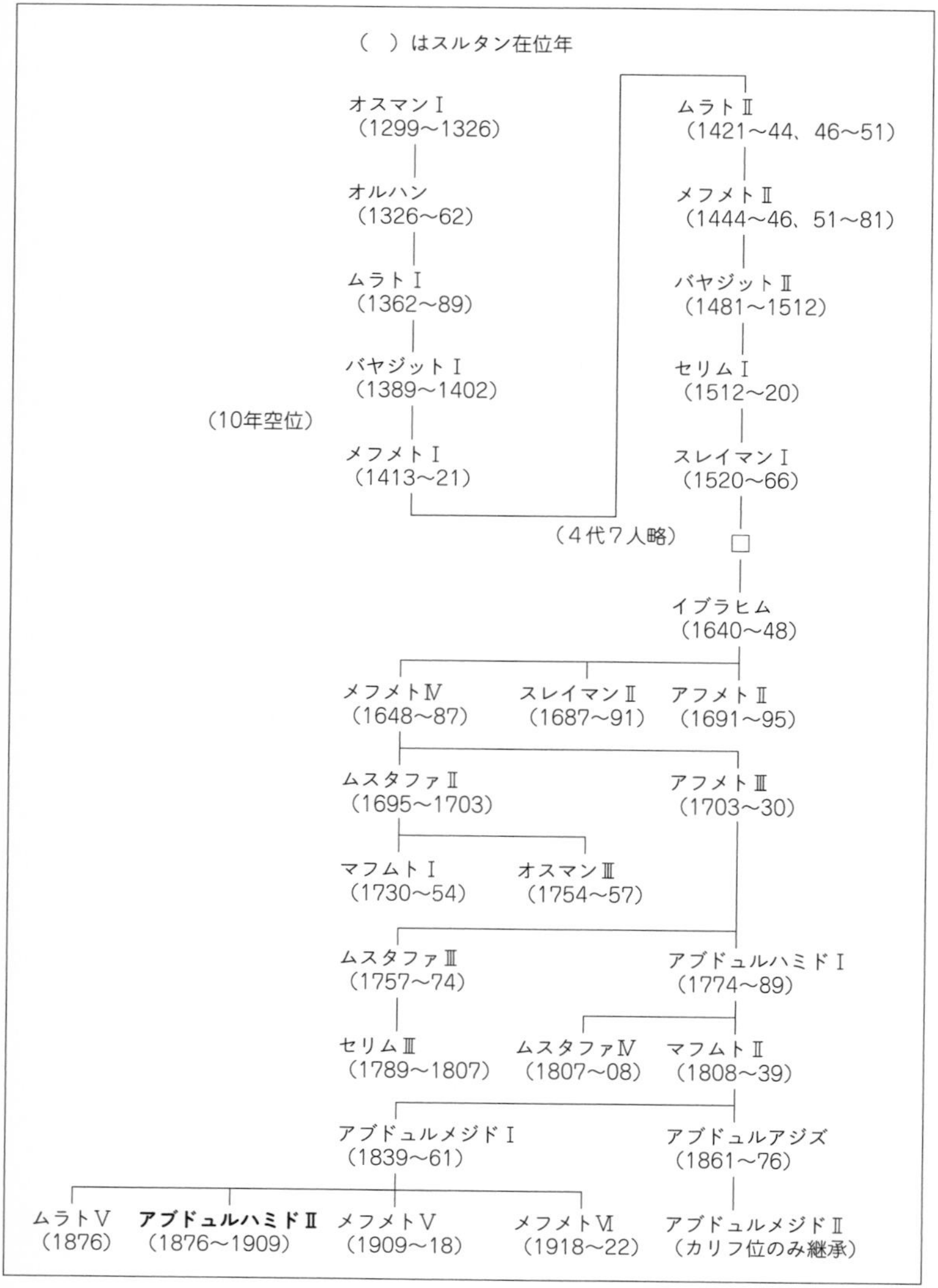
（　）はスルタン在位年
オスマンⅠ（1299～1326）
オルハン（1326～62）
ムラトⅠ（1362～89）
バヤジットⅠ（1389～1402）
（10年空位）
メフメトⅠ（1413～21）
ムラトⅡ（1421～44、46～51）
メフメトⅡ（1444～46、51～81）
バヤジットⅡ（1481～1512）
セリムⅠ（1512～20）
スレイマンⅠ（1520～66）
（４代７人略）
イブラヒム（1640～48）
メフメトⅣ（1648～87）
スレイマンⅡ（1687～91）
アフメトⅡ（1691～95）
ムスタファⅡ（1695～1703）
アフメトⅢ（1703～30）
マフムトⅠ（1730～54）
オスマンⅢ（1754～57）
ムスタファⅢ（1757～74）
アブドュルハミドⅠ（1774～89）
セリムⅢ（1789～1807）
ムスタファⅣ（1807～08）
マフムトⅡ（1808～39）
アブドュルメジドⅠ（1839～61）
アブドュルアジズ（1861～76）
ムラトⅤ（1876）
アブドュルハミドⅡ（1876～1909）
メフメトⅤ（1909～18）
メフメトⅥ（1918～22）
アブドュルメジドⅡ（カリフ位のみ継承）

オスマン帝国スルタン系図

序章

アブドュルハミド二世統治以前のオスマン帝国

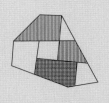

1　オスマン帝国の歴史的概観

❖オスマン帝国の成り立ち

オスマン国家は、北アジアにその源流をもつトルコ系遊牧民により小アジアと呼ばれるアナトリアで建国されたが、国家としての発展の基礎はバルカン半島のキリスト教世界であり、東ローマ帝国の都コンスタンティノープルを征服してオスマン帝国となり、アジア、アフリカ、ヨーロッパを包括し、様々な伝統や宗教、社会の制度を融合し帝国を形成した。

北アジアのモンゴル高原の北方に起源をもつトルコ系諸族（チュルク）はユーラシアの各地へ拡大していき、突厥帝国やウイグル帝国、カラハン朝などを建国した。イスラムを受容してトルコマンもしくはオグズと称されるようになり、大セルジュク朝を建て中央アジア・西アジアをも支配した。また、モンゴル帝国の先兵としてロシア・バルカン方面にも拡大した。チュルクはユーラシア大陸に広がり、今日ではシベリアからヨーロッパまで居住している。

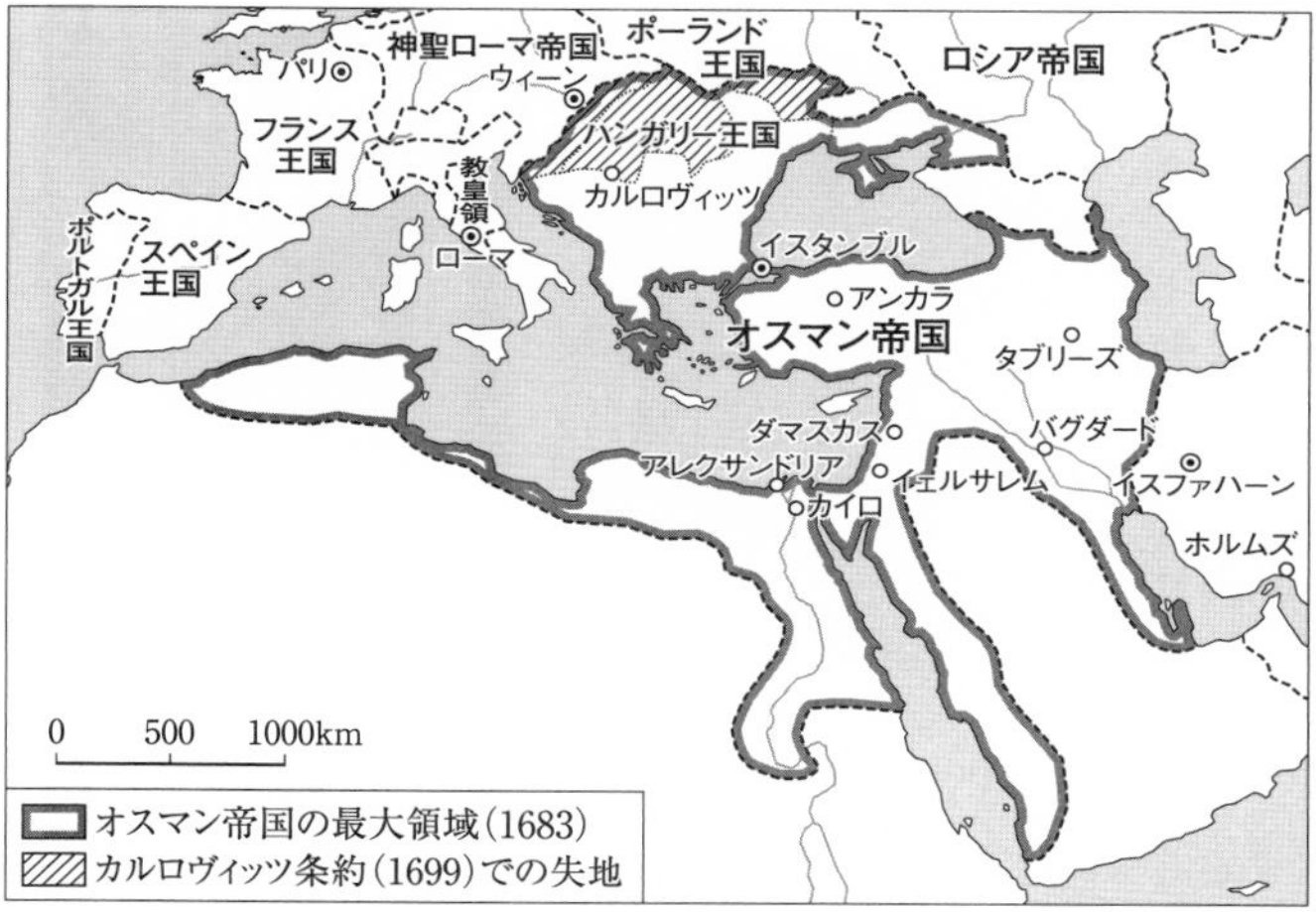

オスマン帝国の最大領域

オスマン帝国の起源は、大セルジュク朝から分離してアナトリアに成立したルーム・セルジュク朝の末期に、モンゴルに追われ中央アジアから移動しアナトリア北西部の東ローマ帝国との国境地帯の一地方領主となった一族が、一二九九年に建国したオスマン国家である。オスマン朝二代目スルタン、オルハンは東ローマ皇帝を支援してダーダネルス海峡を越えてバルカン半島南部に領土を広げた。同時期に近隣アナトリアのトルコ系小国家群を併合した。その後の後継者たちはバルカン中央部への進出とともにアナトリア中西部のトルコ系領主の国家を併合した。しかし、バヤジット一世のときに、アンカラの戦でチムールに敗北し、オスマン朝は一時断絶した。旧領各地にスルタンが立つ空位時代を経てメフメト一世によりオスマン旧領の再統一がなり、オスマン朝は復興した。メフメト二世が一四五三年コンスタンティノープルを占領し、さらにバルカン北部、黒海沿岸へと領土を拡大しオスマン帝国へと成長させた。

第二次ウィーン包囲　Alamy 提供

セリム一世やスレイマン大帝が東部アナトリア、シリア、メソポタミア、ヒジャズ、エジプト、アルジェリアを征服し、東のサファヴィー朝イランや、ヨーロッパで強大な勢力を持ったハプスブルク家に圧力を加えるなど、東西世界に大きな影響を与えた。しかし、一六世紀以降全盛期を過ぎたオスマン帝国は、統治能力の不十分さや幼少にして即位するスルタンが続くなど、次第に支配力が低下していった。

一七世紀末、大宰相カラムスタファ・パシャはオスマン帝国の再隆盛をかけてスレイマン大帝に倣ってウィーン包囲を敢行したがオーストリアとその友好国の軍に大敗し、一六九九年のカルロヴィッツ条約によりハンガリー全土とその周辺地域を失い、オスマン帝国の領土の縮小の始まりとなった。その後、黒海沿岸の領土も失ったが、バルカン半島の大部分は確保していた。

❖西欧化改革の進行

フランス革命に対抗するためオーストリア、ロシアがオスマン帝国への侵攻を止めた。これを機にセリム三世はスルタン主導の西欧化改革（ニザーム・ジェディード）をおこなったが、充分な成果は得られず、イェニチェリの反乱を誘発し改革は失敗した。キリスト教徒の子弟を徴集しイスラムに改宗させ高度の教育を授け、オスマン軍の基幹として育成されオスマン帝国を支えてきたイェニチェリは、無頼の武装集団となっていた。ナポレオンがエジプトに侵攻し、フランスとイギリスに翻弄されたオスマン帝国は国内混乱の中にイェニチェリの反乱が起こり、セリム三世は廃位・殺害された。次々代のスルタン、マフムト二世は新しく編成した砲兵をもって、ウラマー（イスラム法学者）などの支援を受けて、反乱を繰り返すイェニチェリを兵営に閉じ込め砲撃殲滅した。

❖エジプトのメフメト・アリの西欧化改革

エジプト州知事のメフメト・アリは、トラキアのカヴァラ生まれのアルバニア人といわれる。叔父がエジプトへのナポレオン侵入に対して二〇〇人の兵士を集めることを依頼された機会に、メフメト・アリは志願した。オスマン帝国本土からエジプトへの派遣部隊の一員としてエジプトに入ったメフメト・アリは、派遣軍の中で頭角を現して、エジプトの在来勢力であったマムルークたちを追放して、エジプト派遣軍の指揮権を確保してパシャの称号を得た。メフメト・アリ・パシャはエジプト州知事を追い出し、オスマン政府に後任の知事就任を認めさせた。彼はエジプトの実権を握ると、イギリス、フランスの支援を受けて軍事改革や内政の安定のために経済政策を遂行した。この経済政策は一見エジプトの近代化を推進したように見えるが、西欧近代の一環としての植民地の役割であった。これによりエジプトは植民地として西欧列強の市場となり、さらに原料供給地と化した。また、西欧諸国はメフメト・アリ・パシャを傀儡《かいらい》として、エジプト軍の軍制改革に成功し、オスマン正規軍を質的に凌駕した。

❖ギリシアの独立

ロシアのオデッサのギリシア人居留者の間に結成された秘密結社「フィリキ・エテルヤ」は、オスマン帝国でギリシア人（ギリシア正教徒）の独立を画策した。ロシアはバルカン半島進出のためルーマニアでのギリシア人の独立を支援した。一八二一年、「フィリキ・エテルヤ」はルーマニアで独立蜂起したが、オスマン軍によって鎮圧された。一方、ギリシアでは、南部のモレア地方（ペロポネソス半島）のギリシア人が独立運動を起こし、ギリシア人海賊集団も応呼して、エーゲ海のシサム島やサクズ島などを占拠した。オスマン軍の強硬な鎮圧作戦は、ヨーロッパでトルコ兵によるキオス島の虐殺の絵画などにより広く伝達された。

マフムト二世は、ギリシアの反乱に対しエジプト州知事のメフメト・アリ・パシャのエジプト軍の出動を要請した。メフメト・アリ・パシャはシリア知事職を代償に出撃を了承した。エジプト軍はギリシアのモレアに上陸し反乱を鎮圧して、アテネも占領した。

イギリス、フランス、ロシアは、ギリシア独立を支援する会議をロンドンで開催し、議定書をオスマン政府に送付したが拒否された。会議参加国は艦隊を派遣してナヴァリン港のオスマン・エジプト連合艦隊を撃滅し、エジプト軍をモレアから撤退させた。

ロシアは、ルーマニアでのギリシア人の独立蜂起の制圧に対して、正教徒保護を口実として、オスマン帝国に開戦した。ロシア軍はバルカン半島のほかコーカサスでオスマン軍を撃破して、一八二八年にエディルネ（アドリアノプール）まで進撃した。エディルネ条約が締結され、バルカン半島でのロシアの優位性とギリシアの自治権が承認された。しかし、ロシアのバルカン進出に反対するイギリスが介入し、ロンドン会議が開かれ、一八三〇年三月にギリシアの独立のみが承認された。

❖エジプト問題

オスマン政府は、メフメト・アリ・パシャが要求したシリア知事職をギリシア出動の敗北を理由に拒否し、エジプト知事解任も示唆した。メフメト・アリ・パシャは、エジプト軍に命じシリアのダマスカスを占領し、さらにアナトリアに進み、オスマン軍をベレン峠で撃破した。オスマン政府は大宰相レシド・メフメト・パシャが軍を率いて、コンヤ平原でエジプト軍と戦い、大宰相が負傷し、捕虜となり敗北した。

マフムト二世は、ベレン峠の戦いの敗北を聞き、イギリス、フランスに支援を求めた。しかし、イギリスは無視し、フランスはエジプトを支持した。これを聞いたロシア皇帝はオスマン政府に支援を申し出た。ロシアの支援受け入れを躊躇《ちゅうちょ》していたマフムト二世は、コンヤの敗北の報を聞き、受諾する旨ロシアに伝えた。ロシア艦隊がイスタンブル沖に到着し、歩兵部隊がアナトリア側に上陸した。

イギリスとフランスは、ロシア軍のボスポラス海峡通過と軍隊の上陸を聞き、オスマン帝国のロシア従属化に危機感を持ち、急遽イズミル沖に艦隊を派遣しエジプト軍のイスタンブル進撃を抑え、一方でロシアのオスマン帝国への内政干渉に圧力をかけた。エジプト知事メフメト・アリ・パシャはイギリス、フランスの圧力をうけて、エジプト軍をキュタヒヤで停止させた。オスマン政府代表がキュタヒヤに派遣され、トロス山脈を境に南のシリアはメフメト・アリ・パシャの支配に委ねるキュタヒヤ合意書が締結された。

オスマン帝国とロシアとの間にヒュンキャル・イスケレシ条約が締結され、有事の場合ロシア軍のオスマン帝国内への派遣が規定された。また秘密合意事項として軍艦のボスポラス海峡通過の権利がロシアのみに与えられ、ロシアのオスマン帝国での優位性が確認されたとしてイスタンブルからロシア軍は撤退した。

オスマン政府は、イギリス、フランス、ロシアとの対応のため対外交渉を担当する外務省を新設した。オスマン政府はエジプトの西欧化が軍事力においても経済力においても強化されたことに注目し、実態は西欧諸国の植民地化であったにもかかわらず、エジプト的西欧化を導入することとなった。オスマン軍の近代化のためにフランスの支援を受け、陸軍士官学校などが設立され、さらに西欧諸国に使節団を派遣した。

❖イギリスの進出

一八三八年、イギリスはオスマン政府との間に、これまでのカピチュレーションに代わる、バルタ・リマン通商条約を締結し、イギリス側の一方的関税率制定を認めさせた。カピチュレーションは、オスマン朝のスルタンが個人的に外国の君主にその国旗を掲げる商船に対し、通商する港に商館や通訳官などの交易手段を提供する恩恵的貿易制度であった。しかし、バルタ・リマン条約はイギリスがオスマン帝国との間で関税率決定の権利を認めさせるなど、オスマン帝国に対する不平等条約であった。この条約はアヘン戦争後の南京条約に伴う虎門塞条約に影響を与え、さらに日米通商条約の不平等性にも波及した。

イギリスは通商条約締結により広大なオスマン帝国全土で貿易を展開させることを考えて、帝国領土の一体性の維持を主張し、オスマン帝国の領土保全を広く訴えた。今やイギリス商人の小規模な貿易活動は大きく変貌し、イギリス商船隊は黒海、地中海、エーゲ海と広い地域の港湾都市へ進出し、帝国領内の交易圏は拡大していった。カピチュレーションの通訳官として特権を行使していたギリシア人やアルメニア人、ユダヤ教徒などは仲介商人としてイギリスの貿易量増大に関与した。

❖タンジマート時代

マフムト二世は、フランスの軍事顧問団によるオスマン軍の西欧化が順調に進み対外戦争に充分な兵力が育成されたと考え、アナトリア東南部のエジプト軍に攻撃を加えたが、オスマン軍は敗北した。新しい軍制の下に編成されたオスマン軍の部隊は装備の点では優れていたものの、エジプト軍に比べ練度が低く士気も高くなかった。新しい軍隊の敗戦の報に接し、マフムト二世は没した。

一六歳のアブドュルメジド（アブドュルハミド二世の父親）がスルタンに即位した。アブドュルメジドは、母親ベズミャレムの助言を受けながら父マフムト二世の改革政策の継承をめざした。スルタンの周りには改革推進派が地位を占めていたが官僚たちの対立で政治的混乱が生じていた。ベズミャレムの助言を受けたアブドュルメジドはロンドン駐在大使であったムスタファ・レシト・パシャを帰国させ外務大臣に任命した。彼は西欧諸列強の求めるような改革をおこなえば、支援を受けられると主張し、西欧諸国の内政干渉の危険性は、国内の社会改革で対応できるとして大宰相となった。

ムスタファ・レシト・パシャの起草によるヨーロッパ諸国の要求を受け入れるタンジマート改革勅令が、一八三九年外国使節を招集したトプカプ宮殿のギュルハネ庭園で発布された。この勅令は、西欧諸国の庇護下に置かれるオスマン帝国を容認するものであり、ヨーロッパ諸国、特にイギリスの内政干渉を受け入れることを公表したものである。勅令により、西欧化されたオスマン軍は、シリアのエジプト軍を攻撃しエジプトまで後退させ、メフメト・アリ・パシャにエジプト知事職のみを認めた。

アブドュルメジド

イギリスはオスマン政府へ強い圧力を加え、ロシアとのヒュンキャル・イスケレシ条約を破棄させた。オスマン政府は外国の大使の政策上の要求権を認め、大宰相はイギリス・フランスの大使の意向を政策に反映させることになった。オスマン帝国の政治はイギリスはじめ、ヨーロッパ諸国の利益のためにおこなわれ、オスマン帝国に利害関係を持つ諸国間に対立が生じた。ロシアはオスマン帝国内のキリスト教徒（正教会）の保護を口実として内政干渉をおこない、さらにイェルサレムの聖地管理権をめぐってカトリックのフランスと対立した。イギリスは、両者の対立を利用してオスマン帝国での優位性の確保を狙った。オスマン政府はイギリス、フランスを背景に、ロシアのオスマン領内のキリスト教徒保護を口実とする要求を拒否した。

❖クリミア戦争（オスマン＝ロシア戦争）

ロシアはオスマン政府にキリスト教徒保護の実施を要求する最後通牒を伝え、要求受諾を求めて国境を接するバルカン半島の黒海沿岸のエフラク・ボウダン（ルーマニア）に侵攻した。一八五三年にロシア艦隊は、黒海に面する北アナトリアのシノップ港を襲撃し、オスマン海軍の黒海艦隊を殲滅した。オスマン帝国のロシアへの反撃を支援するためイギリス、フランス両国とサルディニアは軍を派遣した。ドナウ河方面の戦線では、オーストリアがロシアのバルカン半島進出に反対したため、同方面のロシア軍の前進は阻止されたが、コーカサス方面でオスマン帝国領のカルスが占領された。

ロシア軍のオスマン帝国への一方的攻撃に対して、イギリス、フランス、サルディニアの三国連合軍は、クリミア半島のセヴァストポールに上陸し、クリミア戦争が開始された。連合軍の艦隊によりロシア黒海艦隊は殲滅され、上陸軍によってセヴァストポール要塞は陥落した。この戦争中に、ロシア皇帝ニコライ一世が亡くなり、アレクサンドル二世が即位し、連合軍との間の休戦協定が締結された。

一八五六年のパリ講和条約は、オスマン帝国の国境を西欧諸国が保障し、ロシアは戦争以前の国境線に戻され、黒海でのロシアの非武装化が決定された。イギリス、フランス、サルディニアは戦勝国として多額の賠償金を獲得したが、オスマン帝国は戦勝国にもかかわらず戦費負担金の支払いが求められた。エフラク・ボウダンは、フランスの意向によるラテン国家のルーマニアとしてオスマン帝国宗主権下の自治領となり、ロシアとバルカン半島の緩衝地帯とされた。

一八五六年、パリ条約の決定に基づいて、アブドュルメジドにより改革勅令が発せられ、帝国内のキリスト教徒の権利が保障され、新たなる権利も加えられた。

❖スルタン、アブドュルアジズ

一八六一年、アブドュルメジドが、三九歳の若さで結核により亡くなり、異母弟の巨漢アブドュルアジズが後継した。大宰相と陸軍総司令官および海軍長官が、アブドュルアジズへの即位を伝えた。アブドュルアジズは、大宰相や閣僚を留任させ、大宰相の起草した民衆の安寧を保障する法律の制定、陸海軍の重要性の認識、外国との条約の遵守、友好国との関係維持など国家の安定推進を宣言した内容の即位の勅令を公布した。さらに、国家財政の安定のため、ス

アブドュルアジズ

ルタンの個人財産の三分の一を国庫に編入し、政治犯の恩赦、また収賄官僚の懲罰を表明し、ハーレム制度を廃止し一人の女性と生活を共にすることなど、民衆受けの良い政策をも打ち出すことも加えた。

しかし、三ヵ月後にアブドュルアジズは、大宰相や高級官僚を更迭し、独自の西欧融合的政策の参考のためとして、エジプト視察旅行をおこなった。次いで、オスマン朝スルタンとして最初の西欧訪問に出かけた。イギリスではヴィクトリア女王、フランスでナポレオン三世、ベルギーでレオポルド一世、プロイセンでヴィルヘルム一世、オーストリア・ハンガリー皇帝フランシス・ヨゼフ、ルーマニア大公カロルなど各国の元首と会見した。この旅行で莫大な費用を浪費して、オスマン財政に多大な負担を与えた。この外国視察中に西欧文化に影響を受けたアブドュルアジズは、軍人の制服制定、郵便切手の制定、灯台の建設、オスマン銀行の設立、会計検査院の設立、リセおよび専門学校の設立、森林鉱山学校および医学校の設立、消防制度の確立など西欧的制度の導入を目指した。

アブドュルアジズはヨーロッパ視察後、次第に専制的君主に変貌したが、西欧列強の圧力やタンジマート官僚などの存在により、タンジマート改革は継続した。しかし、独断的失政による国内の混乱が続いた。ロシアが支援するバルカン半島のスラヴ人たちが民族主義に覚醒し、オスマン帝国からの自立を求める反乱を展開した。モンテネグロの反乱、ルーマニア（エフラク・ボウダン）の独立運動が起こり、セルビア反乱ではセルビアの要塞からオスマン軍は撤退した。また、クレタ島反乱の収拾のためにクレタの自治権を全面的に保証した「クレタ法」は、クレタ島喪失の原因ともなった。

エジプトのメフメト・アリ家の第五代エジプト州知事イスマイル・パシャは、ヘディヴ（副王＝ペルシャ語の支配者の意）の称号を獲得した。その地位は大宰相、シェイフルイスラムと同格であり席次は彼らに次ぐ第三番目となり、エジプト州は特権自治州になった。

一八七〇年普仏戦争が勃発し、フランスが敗北した。捕虜となったナポレオン三世の退位とドイツ帝国の成立は国際関係に大きな動揺を与えた。親フランス派の大宰相アリ・パシャは後ろ盾を失い、国内ではタンジマート改革が成果を上げていたが、諸外国への従属性はさらに増大した。

ロシアは、普仏戦争で敗北し失脚したナポレオン三世の主導で締結されたクリミア戦争のパリ講和条約を否定して、黒海艦隊建造を宣言した。イギリスの提唱による黒海の非武装化に関するロンドン会議が開かれ、オスマン外交にはイギリスが影響力を持ち、内政介入でもフランスは後退した。一八七一年以後、オスマン政府は混乱状態となり、大宰相は短期間に交替し、政府高官も同じように異動を繰り返した。それまでのフランス・キリスト教社会を模倣することが改革の基本との考えが、いったん否定されると、オスマン社会の改革の方向は見失われた。

❖新オスマン人協会・憲法制定運動の萌芽

アブドュルアジズの専制独裁政治が強化され、彼個人の浪費に加えて外国からの無秩序な借款のため国家財政は破綻に向かい国内は混乱し、アブドュルアジズの失政による西欧諸国の内政への圧力は次第に拡大していた。西欧諸国のオスマン帝国への様々な圧力を排除するために西欧的憲法の制定が必要と多くのタンジマート官僚が考えていた。このような混乱の中で新オスマン人運動が生まれた。

一八六五年、イスタンブルのベオグラードの森において、タンジマート改革により成立した外国の情報を収集する部局である「翻訳局」の勤務者や旧在籍者の新聞人のナームク・ケマルなど六人の若者が集まった。ここでクリミア戦争後顕著となった外国の政治・経済面での内政干渉に反対し、アブドュルアジズの専制政治を阻止し、オスマン帝国を衰亡の危機から救済する方法を議論した。その結果、スルタンの権限を制限する西欧的立憲体制の樹立を目的とする組織として新オスマン人協会を結成した。

一八六七年までに官僚や在野の知識人などの賛同を受け、二四五名まで加入者を拡大した新オスマン人協会は、大宰相府へ威示行進を計画したが、事前に大宰相アリ・パシャに摘発され、多くの逮捕者を出し失敗した。逮捕を免れた活動家の多くはフランスなど海外へ逃亡し、そこから国内向けの新聞を発行し、国内の知識人へ強く影響を与えた。中心人物のナームク・ケマルは、パリ、ロンドンに亡命し、新聞を発行するとともに当時のヨーロッパの知識人のユーゴ、モンテスキュ、ルソーなどと交流した。彼は、多くの戯曲などの著作を発表し、新聞をオスマン帝国内に送ることにより、自由思想の普及・拡大を推進した。その影響は大きくトルコ共和国初代大統領ケマル・アタチュルクにも影響を与えた。大宰相アリ・パシャが亡くなると、海外亡命の新オスマン人は帰国した。しかし、ナームク・ケマルは帰国後も激しい政府批判を続けたため、キプロス島への流刑に処された。

海外から帰国者も含めた新オスマン人協会による憲法制定の運動が推進された。憲法制定を主張する人たちの最先鋒であり開明的官僚ミドハト・パシャは、ブルガリアのルスチュック、イラクのバグダードなど各地の知事職を歴任し、任地で多くの民衆から信頼を得ていた有能な高級官僚であったが、アリ・パシャ存命中は確執により、活動を制限されていた。一方、ナームク・ケマルは帰国後のキプロス追放を終えてイスタンブルに帰還すると、新聞の発行など在野での活動を続けた。

❖アブドュルアジズの治世末期の混乱

長年無計画に導入してきた対外借款は一八七五年に、利子の支払いが不可能になったため、ヨーロッパ諸国はオスマン財政へ直接介入を始めた。外国の過酷な政治的、経済的介入によりオスマン政府は無力化した。スラヴ系を中心としたバルカン半島のキリスト教徒は、外国政府がオスマン政府に圧力を加えることを期待して各地で反乱を起こした。

一八七五年ヘルツェゴビナで権利拡大要求の反乱が発生し、イスタンブル駐在のロシア大使に彼らの要求をオスマン政府に承認させるよう求めた。オスマン政府は要求を受諾したが、ヘルツェゴビナはさらなる自治権の拡大を要求した。隣接するボスニア州知事は反乱鎮圧のため、イスタンブルから軍の増援を要求したが、イスタンブル駐在の列強外交使節の圧力により、援軍の派遣は見送られた。オスマン政府の軟弱な政策は反乱を増長し、収拾できなかった。さらに、ボスニアでも反乱が起き、ブルガリアにも波及し反乱が起こされた。オスマン政府は政策を転じて、軍による強硬な鎮圧をおこなったが、外国政府にはキリスト教徒への武力弾圧強化と解釈された。さらに、自治的特権を与えられたセルビア、モンテネグロ、ルーマニア、エーゲ海の島々のキリスト教徒によるオスマン政府への不服従の反乱が続いた。

イスタンブルに近いブルガリアでの反乱は、多くのイスラム教徒住民がキリスト教徒反乱勢力によって犠牲となったため、オスマン軍は激しい反乱鎮圧作戦をおこなった。ロシアは、オスマン軍の鎮圧作戦に対抗して、コーカサスのムスリムであるチェルケス人やアブハジア人を激しく弾圧した。

このような状況にあって、サロニカで民衆によって西欧の領事が殺される事態が発生した。サロニカ州のアヴレトヒサル町のブルガリア人女性がムスリムと結婚するためにイスラム教に改宗すべく、ひそかにマントに身を隠して鉄道でサロニカ駅に来たところ、出迎えのイスラム教徒の眼前で、アメリカ領事であるロシア生まれのギリシア正教徒ペリクリ・ラザリはじめ一五〇人ほどのキリスト教徒に囲まれ、アメリカ領事館に拉致された。出迎えのイスラム教徒はキリスト教徒に殴打され負傷した。イスラム教徒は州知事に問題の解決を要求したが、知事は対応しなかった。翌日イスラム教徒は女性を奪還するために時計台モスクとして知られたセリムパシャ・モスクに集結した。このモスクにフランスとドイツの領事が来て交渉を引き受けた。領事たちはアメリカ領事館で女性の存在を確認したが、アメリカ領事が不在であったため、引渡しができないことを確認して、モスクに戻って説明したところ、二人の領事は怒った群衆により囲まれ混乱のうちに殺害された。犠牲者を出したドイツ、フランス両政府は、ロシア、イタリア、オーストリア政府と協調し、ムスリムへの威圧、キリスト教徒への支援のため軍艦をサロニカ沖に派遣した。イスタンブルの外国使節団はオスマン政府への事態の解決を要求した。

これに対してオスマン政府は、サロニカ州知事を更迭し、犯行当事者を裁判にかけて処刑し、両国に陳謝した。騒動の原因となったキリスト教徒側は一切のお咎《とが》めなしであった。ヨーロッパ諸国の理不尽な圧力に屈したオスマン政府に対してムスリムは激しく反発した。

サロニカ事件において西欧列強の圧力に屈したオスマン政府の軟弱な対応に不満を持った五〇〇〇人のメドレセ神学校の学生らが立ち上がり、次のスルタン継承者であるムラトの即位要求を掲げて、イスタンブルのファーティフ地区で大規模なデモ行進をおこなった。アブドュルアジズは、大宰相とシェイフルイスラムを更迭した。閣僚には後の憲法起草者になるミドハト・パシャを入閣させたが、メドレセの学生たちの抗議活動は止まらず、イスタンブルは騒然となりバヤジット広場で学生たちの集会が開かれた。

新内閣は、アブドュルアジズの専制政治が続く限りオスマン帝国の安定は望めないと決議した。新オスマン人の一員であり、短期間ながら大宰相を経験した国家評議会議長のミドハト・パシャは、政府を主導して立憲体制改革を達成するため、アブドュルアジズの廃位を計画した。大宰相マフムド・ネディム・パシャは、アブドュルアジズの専制政治には反対であったが、ミドハト・パシャの憲法制定には消極的であった。

❖クーデタ

一八七七年五月二九日、ミドハト・パシャは行動を開始した。外国の内政干渉を阻止するため、アブドュルアジズを廃位し、西欧的憲法を制定してこれによってオスマン政府の自立性を高め、国際的に西欧と同等の地位を獲得することが目的であった。彼は、軍総司令官と陸軍士官学校担当大臣、軍評議会議長と糾合して、新しいシェイフルイスラムからスルタンの廃位を宣告する「フェトヴァ」を受け取った。翌日、陸軍士官学校の学生は担当大臣に率いられ、またタシュクシュラ、ギュムッシュスユの兵営の兵士はイスタンブル軍司令官に率いられ、ドルマバフチェ宮殿に向かった。メドレセの学生もこれらに加わった。出動した兵士や学生たちは、アブドュルアジズと後継者ムラトの居所であるドルマバフチェ宮殿を包囲した。宮殿の海側には海軍の艦艇が投錨し、そこから上陸した軍評議会議長が、待機していたスルタン後継者のムラトにスルタンへの即位を告げ、ドルマバフチェ・モスク前から舟艇に乗せて、シルケジへわたり、そこから車でバヤジットの陸軍省へ向かった。別の一団は、アブドュルアジズに「フェトヴァ」を示し退位を宣告した。アブドュルアジズはカヤクと言われるボートに載せられ、ドルマバフチェ宮殿を離れ、オルタキョイのフェリエ宮殿に移された。

ムラト５世

❖ムラト五世

クーデタの実質的実行者であるミドハト・パシャらは、アブドュルアジズを廃位して後継者ムラトを、オスマン朝の継承制度に従ってスルタンに擁立した。ミドハト・パシャらは、事前にムラトに接触し、直ちに憲法制定に賛成し行動を起こすことを期待した。ムラト五世が即位すると、国家評議会議長であるミドハト・パシャは、憲法制定の作業に乗り出した。ナームク・ケマルも参加した。新オスマン人たちは、立憲体制樹立に向けて活発な活動を開始した。

しかし、アブドュルアジズが四日後に、また第三夫人のネシェレッキ・ハヌムがその数日後に突然死去した。二人の死因に疑問を持った夫人の親族チェルケス・ハサンは、ミドハト・パシャの自邸でおこなわれていた閣僚らの会議に乱入して、軍総司令官と外務大臣を殺害した。彼は直ちに逮捕され、処刑された。

ミドハト・パシャら新オスマン人官僚の主張する、スルタン制の維持については、すべての官僚が支持した。しかし、保守派官僚は立憲体制によるスルタン権力の制限については反対の姿勢をとったため、不安定な状態が生まれた。

ムラト五世は即位したものの混乱が続く中で、金曜日の礼拝のためにアヤ・ソフィヤ・モスクに出かけた。その時スルタンに異常な行動が見受けられたが、外部には漏れないよう処理された。異常行動の原因は、ドルマバフチェ宮殿で目撃したクーデタへの不安と恐怖およびアブドュルアジズが廃位後四日目に突然死去した影響により、精神に異常をきたし、酒を飲むようになり、急性アルコール依存症とされた。

このムラト五世の異常な状態に対処するため政府はさまざまな隠蔽工作をおこない、ムラト五世をドルマバフチェ宮殿からユルドゥズ宮殿に移した。ムラト五世の診療はギリシア人の医者カポリヨンが担当し、主治医ら二人によって診断書が出された。診断結果は、快復は困難であるとの内容であった。

直ちにイギリス大使が、ウィーンの高名な医師ライデスドルフを紹介し、彼がイスタンブルに来てムラト五世を診察し、快復は困難との診断を下した。

民衆にはムラト五世の異常は隠されていたが、病状について医師カポリヨンが、フランスの新聞に寄稿し、ロシア大使が「スルタンは頭がおかしい。」と公然と述べた。これにより、ムラト五世が精神的病気であることが明らかになった。

オスマン政府は、もはやムラト五世をその地位にとどめておくことはできないと判断し、シェイフルイスラムに対してムラト五世の廃位を認めるフェトヴァを発することを要求した。

シェイフルイスラムのフェトヴァが発せられ、ムラト五世は一八七六年の五月から八月までのわずか九〇日在位して廃位された。これをもとに新たなスルタンにアブドュルハミドの即位が決定され、本人に通知された。ムラト五世はチュラアン宮殿に隔離された。

I

アブドュルハミド二世

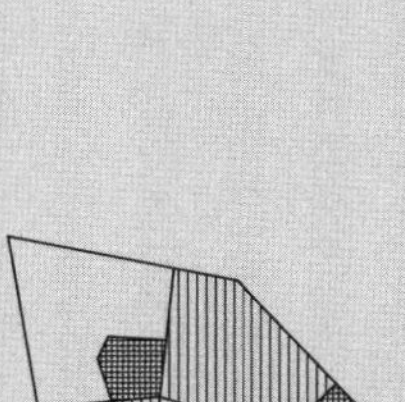

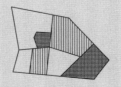

1　生い立ちから即位へ

❖出生

アブドュルハミド二世の父親はオスマン朝第三一代スルタン、アブドュルメジドであった。母親はティリミュジギャン・カドゥン・エフェンディであった。

母親は、一八一九年八月一六日生まれのシャプスフ・オイマク出身のチェルケス人であった。緑がかった茶色の目、長い明るい茶色の髪、細いウエスト、容姿端麗、肌は透きとおるように白く、美貌の女性であった。宮殿では優雅なふるまいで有名であった。彼女の子供は三人で、最初の子供は一八四〇年九月二一日にチュラアン宮殿で生まれたナイメ・スルタンであった。彼女の誕生により、ティリミュジギャンは一八四一年一一月にカドゥン・エフェンディに昇格した。しかし、ナイメ・スルタンは三歳のときに天然痘で夭逝した。一八四二年に二番目の子供、後継資格者シェフザーデ、アブドュルハミド（のちのアブドュルハミド二世）を、さらに一週間で夭逝した後継資格者メフメド・アビディ・エフェンディを一八四八年に産んだ。しかし、彼女は、生来の虚弱体質のため肺結核に侵され、医師たちの転地療養の勧めで、ボスポラス海峡のアジア側のベイレルベイ宮殿に移されたが、数ヵ月の療養の末、一八五三年四月二六日他界した。ガラタ橋のたもとのイェニ・モスク近くにあるこのモスクの建立者でメフメト四世の母親トゥルハン・ハディジェ・ヴァリデ・スルタンの廟に埋葬された。廟には彼女に関係ある五人のスルタン(メフメト四世、ムスタファ二世、アフメト三世、マフムト一世、オスマン三世)が埋葬されている。

アブドュルハミド二世は、一八四二年九月二一日イスタンブルのチュラアン宮殿で誕生した。スルタンになった兄弟は、長兄の第三三代ムラト五世(母親はシェヴケフザである。アブドュルハミドの即位後は、一九〇四年に亡くなるまで、チュラアン宮殿に幽閉されていた)、弟の第三五代メフメト五世(母親はギュルジェマルであり、メフメト・レシャトと呼ばれ、アブドュルハミド二世の廃位後、一九〇九年にスルタンに即位した)、弟のオスマン朝最後のスルタン第三六代メフメト六世(母親はギュリステュであり、メフメト・ヴァヒデッディンと呼ばれ、一九一九年にメフメト五世のあとを継いでスルタンに即位した。一九二二年一一月一日アンカラ政府のスルタン制の廃止により、カリフ位のみ継承したが一七日後国外に亡命した)がいる。アブドュルハミド二世の叔父は第三二代アブドュルアジズであり、その息子で従弟にあたるアブドュルメジドは、オスマン朝最後のカリフであった。カリフ、アブドュルメジドの兄にあたるユスフ・イゼッティンが年齢的にメフメト五世の後に、スルタン位を継承する資格者であったが、一九一六年突然自殺したとされている。統一と進歩委員会に都合のよいメフメト六世を擁立しようとしたエンヴェルらの圧力によるものと噂されている。このように兄弟、叔父、従弟にスルタンもしくはカリフの継承者が多くいるのは、オスマン一族の最年長者がスルタン位を継承することになっていたためである。アブドュルハミド二世のスルタンにならなかった他の兄弟にはアフメット・カマラッディン（一九〇五年に死去）、メフメト・ブルハネッディン（生後二ヵ月で死去）、ヌレッディン（一八八五年に死去）、スレイマン・セリム（一九〇九年に死去）などがおり、姉妹も多数で皆スルタンの称号が付けられていた。青年トルコ人運動で活躍したプレンス・サバハッティンとプレンス・ルトラッフの母親はアブドュルハミド二世の妹セニハ・スルタンであった。

オスマン朝では、国家成立初期を除いて、帝政の皇后に当たる地位の女性を置く事はなかった。トルコ系の伝統としてハンの后の称号にはハトンが用いられていたが、オスマン朝ではカドゥンと変化して用いられた。ユルドゥズ宮殿内に、黒人宦官《かんがん》長に管理されたハーレムが設けられ多数の女性がいた。このため子供たちの数は多かった。コーランの記述により四人まで帯妻できるとのことから、正妻を意味するカドゥンという称号は四人までであり、それ以外の母親はイクバルの称号を持ち、カドゥンの地位が空席になると昇格した。他のスルタンと比較してハーレムの女性の人数が少なかったと言われるアブドュルハミド二世でも、カドゥンは延べ八人、イクバルが五人いた。なお、子供がいなくとも、スルタンの寵愛を受けた女性にカドゥン、イクバルの称号が与えられることもあった。

アブドュルハミド二世が幼くして母親を失ったため、不憫な境遇を心配した父親のアブドュルメジドは、子供がなかった第四夫人のペレストゥ・カドゥンに養母としての役割を頼んだ。彼女は、すでに一八四五年に亡くなったドュズディディリ・カドゥンの生んだジェミル・スルタンの養母も務めていた。ジェミル・スルタンは一五歳でジェラレッディン・パシャと結婚し、夫はアブドュルハミド二世の即位時にスルタンの側近として補佐役を務めたがアブドュルアジズ殺害の嫌疑でミドハト・パシャとともにタイフに流刑が処された。また、養母に当たるペレストゥ・カドゥンはアブドュルハミド二世が即位するとヴァリデ・スルタンという母后の称号を得て公式行事に出席した。

❖教育

アブドュルハミド二世は、一八四〇年生まれの兄のムラト（ムラト五世）と二歳の差があったが教育は同時におこなわれた。トルコ語はオメル・エフェンディ、ペルシャ語をアリ・マフヴィ・エフェンディ、アラビア語とその他の一般的教養や知識をフェリト・エフェンディとシェリフ・エフェンディ、オスマン朝の歴史を歴史家のリュトゥフィ・エフェンディ、フランス語をエトヘン・パシャとケマル・パシャおよび、ガルデという名のフランス人から、音楽をグアテリ、ロムバルディという名のイタリア人から教育を受けた。

スルタンの子弟の教育は、ハーレムから出ることができる時期から、それぞれの分野の専門家によっておこなわれた。ハーレム内や宮廷は多様な地域の出身者によって構成されていたため、日常の会話はトルコ語だけでなく様々な地域の言葉が使われていた。このため、公用語としてのオスマン・トルコ語を改めて教育されなければならなかった。オスマン語は、書き言葉であって公文書上の文語であり、一般的に話すことは無かった。また、オスマン語に多く引用されるペルシャ語、アラビア語は必須科目であった。これらの教育担当者の称号から、メドレセ（神学校）の教授陣などの関係者であったことが推測される。書道教育を受けなかったといわれるが、スルタンとしては大きな問題ではなかったと考えられる。フランス語は外国語ではあるが、オスマン宮廷ではしばしば外交用の必須言語であった。第一次世界大戦に敗北したのちに、イギリス外務省の英語による質問状に対して、オスマン政府はフランス語で回答していることからも、外交用としてフランス語の通常使用が窺える。

アブドュルハミド二世は上述の帝王学にはあまり興味を示さなかったが、音楽には強い関心を示し学習したといわれる。ただ、西欧的教育を受けたことから西欧音楽には興味を持っていたが、東方の伝統的音楽は理解していなかったともいわれる。彼の居所であるユルドゥズ宮殿内廷には立派な劇場が作られており、アブドュルハミド二世はしばしばここに足を運び、演劇を楽しんだと言われる。劇場は西欧的な建築であり、上演作品も西欧的なものであった。娘のアイシェ・スルタンによれば、アブドュルハミド二世が就寝前に読ませていた小説の多くは西欧の作品であった。すなわち、アブドュルハミド二世は伝統的なイスラム的、トルコ的芸術にはあまり興味を示さず、芸術面でも西欧的な感覚を持っていたと考えられる。

アブドュルハミド二世は、父アブドュルメジドのもとで幼少期を過ごしたが、後のスルタンとしての生活に大いに影響を与えたのは、叔父アブドュルアジズであった。

❖青年期の私生活

アブドュルハミド二世は金銭にたいして細かいところがあったとされる。スルタンに即位する以前、自身の私生活での収入と支出について明確に管理して、宮殿内における他の者との金銭的共同性をとらなかった。他の兄弟たちとは別の収支会計を設けて、独自の経済生活を送っていた。兄のムラトに金を貸していたことなどをスルタン府書記長官のタフシン・パシャは回顧録に記している。

スルタンに即位後、専制政治の中心となるべきスルタン府に独立した会計組織を整備し、国家予算とは別の財源を確保し、その資金によって強固な専制政治をおこなった。

アブドュルハミド二世は、即位前からサッラーフ（金融業者）のムシュー・ザリフィという人物をしばしば宮殿に呼んで、金の運用について教授を受けた。その教授されたことを実行に移し、高利貸しとしての利益を上げていた。兄ムラトに金を貸したのはこのころであったと思われる。彼が即位したとき自分の金を、国庫に移したといわれる。他のスルタン後継者は、月々受ける給与をその月の末にはすべて使いきってしまっていたということから、いかに彼が吝嗇家《りんしょくか》であったかが理解できる。後継者時代に、彼の所有する農園の生産物を市場に売りに出すとき、彼は農夫や農場管理人とともに市場に出かけ、売上金や利益について細かく観察して記録したといわれる。

これらの行動から理解できるように、青年時代に農夫や農場管理人などの身分に関係なく接触し人材を発掘した。これは、後に彼のスルタンとしての活動において有利な点となったと認められる。彼は、新聞や書物などに興味を持ち、その編集人や著者とも接触することに吝《やぶさ》かではなかった。これは、情報源を多く持つことができるとともに、他人に対する警戒心の必要性を知らされた。このことから、専制政治をおこなうに当たって、スルタン府を充実させ、信頼する側近たちのみによる運営体制を確立し、スルタン府であるマーベイン組織の多くは若い高等教育機関出身者などのエリート官僚からスルタンが個人的に任用した人達によって構成された。

アブドュルハミド二世は身辺警護に、スルタン直属のトルコ語を解さないアラブやアルバニア人による警護隊を編成した。アブドュルハミド二世の護衛組織である第二師団の指揮官となったアルバニア人のターヒル・パシャは、彼が青年時代に知り合った力自慢の石工であり、忠実な側近として護衛任務を遂行した。また、情報機関としてセル・ハフィエ（情報長）のもとに多くのハフィエ（スパイ）を擁する諜報組織を確立し、ジャーナルという密告書制度をもって一般大衆の生活空間に立ち入って情報を収集した。

クリミア戦争は、アブドュルハミド二世にたいして大きな影響を与えた。この戦争は、オスマン帝国が西欧諸国と軍事的に連合して作戦を行った対外戦争である。イギリス、フランスなどの将兵が、連合軍としてイスタンブル市内に駐屯した。イスタンブルでは、外国軍人を見かけることが多くなり、イスタンブル住民に新しい西欧文化の感覚を与えた。各国の連絡調整などが新市街と言われるベイヨールにある各国大使館でおこなわれたため、人々の注目がオスマン政府の政治の中心であるバブアリ（大宰相府）周辺から経済文化の中心であるベイヨールへ広がっていった。少年時代のアブドュルハミド二世は、クリミア戦争期に、民衆と同じように世の中の変化を体験したと思われる。

クリミア戦争が連合国の勝利に終わり、オスマン帝国は久しぶりに対外戦争の戦勝国の側に立った。この勝利はオスマン帝国を有利に展開させるものではなかった。戦後処理のパリ講和条約は、西欧列強のオスマン帝国への内政干渉への布石であった。オスマン帝国を支援した代償として、連合国の意向に沿った内政改革の実施が要求された。さらに連合国は、同じ戦勝国にもかかわらず戦費の負担をオスマン帝国に要求した。クリミア戦争は、ロシアのオスマン帝国への内政干渉計画を、西欧列強が横取りしてオスマン帝国の国内問題へ深く介入を始める動機作りであった。

❖スルタンへの即位

アブドュルハミド二世は、一八七六年にあわただしく続いたアブドュルアジズとムラト五世の退位をうけてスルタンに即位した。二人のスルタンの廃位の事情を身近で知る立場にあったアブドュルハミド二世は、廃位の経過を教訓として、高級官僚層との対立を避け、言動に注意するようになった。また、両スルタンの廃位のフェトヴァを出した宗教指導層(ウラマー)に強い不信感を持ち、シェイフルイスラムの人事については特に熟慮した。彼がシェイフルイスラムに任命したジェマレッディン・エフェンディはアブドュルハミド二世が信頼した数少ないウラマーであり、在任期間も長かった。しかし、アブドュルハミド二世自身も一九〇九年に三・三一事件で結成された国民議会の要求したフェトヴァによって強引に廃位された。

ムラト五世の廃位の過程で、立憲体制を要求するミドハト・パシャなど政府関係者は次のスルタンになる予定のアブドュルハミド本人に直接会って調査をおこなった。アブドュルハミド二世の主治医であったアトフ・ヒュセイン博士の回顧録にアブドュルハミド二世から直接聞いたとして次のように書いている。「ミドハト・パシャと大宰相ミュテルジム・リュシュテュ・パシャが、兄のスルタン、ムラトの病気について話し合うため、私のところに来た。最初は、イスタンブル郊外のマスラク農場で会見した。そこで、彼らは私に対して即位後、政府の形態は立憲制か、もしくは専制か、どちらを選択するかを質問した。私は状況が分からないのでどちらともいえないと答えた。その後憲法は制定された。」

ボスポラス海峡のバルタ・リマンの西側に広がる農場にある夏の離宮で、後継者アブドュルハミドと二人の政府高官は会見したが、スルタンは、現状では立憲体制を選択するとの意向を明確に示さなかったが、大勢は憲法制定の方向に向かっていると理解していた。このときすでに、明確な判断を示さず状況に応じて成り行きに従う「デンゲ・ウズマン」(均衡政策専門家)の片鱗を表している。同時に、アブドュルハミドとミドハト・パシャの間に憲法制定に関する密約が交わされたとの説があるが、『オスマン史』の著者カラルは、この文書は見あたらないとしている。

アブドュルハミド二世は一八七六年八月ムラト五世の後を継いでオスマン朝のスルタンに

なった。なお、オスマン史上公的には為政者にスルタンの称号は使われておらず、ペルシャ語起源のパディシャーと公式には記録されている。オスマン朝ではスルタンの称号は、パディシャーの娘またはハーレムの高位の女性などに与えられ、母后のヴァリデ・スルタンなどと用いられていた。ただし、本書ではパディシャーではなく、一般的に使われているスルタンを用いる。

クルチ・アライとよばれる継承式典は当日におこなわれた。翌日、さらに大規模な式典がドルマバフチェ宮殿で執りおこなわれ、大宰相はじめ政府高官、高位のイスラム神学者、高級軍人、宗教指導者そして各界の代表者たちが式典に参列し、祝詞を述べた。前任のムラト五世は、後継者（皇太弟ヴァリアフト）であった期間が比較的長かったことから、多くの人たちが次のスルタンの人となりを承知していた。しかし、兄ムラト五世がわずか九〇日でスルタンを廃位された結果、アブドュルハミド二世は三ヶ月間の継承者であったことから、一般的にその人となりについては全く知られていなかった。民衆は当然ではあったが、大宰相リュシュテュ・パシャや閣僚のミドハト・パシャですら、新スルタンについて十分な知識を持っていなかった。

しかし、『オスマン史』の著者カラルは、アブドュルハミド二世は他人を信頼している態度をとっているように見え、リュシュテュ・パシャやミドハト・パシャに対して丁重な態度で接したと記している。アブドュルハミド二世は、叔父や兄のスルタンとしての姿を身近に見て、オスマン朝のスルタンのあるべき姿について充分に考察する時間があった。すなわち、アブドュルハミド二世は、スルタンが公正さを求められること、そして、自由についてはまだ充分な理解がなされていないものの、多くの人が西欧の知識として持っていることを承知していたと思われる。しかし、公正にして自由を容認する政策は身に危険をもたらすことも承知していたと思われる。

このため、アブドュルハミド二世はスルタンとしてオスマン朝に君臨するには、何よりもまず、閣僚の手玉に取られてはならないと考えていた。そして、彼をスルタンに推した主要閣僚は、アブドュルアジズ、ムラト五世の両スルタンを廃位させた人物であり、リュシュテュ・パシャは大宰相として権力を持ち、閣僚のミドハト・パシャは民衆の間に広く支持を受けていることも知っていた。アブドュルハミド二世は、この二人が自分をスルタンから追い出すことのできる、信頼できない人物と考えていた。

このように、アブドュルハミド二世が充分に観察してきた大宰相らは、アブドュルハミド二世を擁立するにあたって本人についてはほとんど知識を持っていなかった点で、すでに新スルタンに形勢は有利に展開していた。

アブドュルハミド二世は即位の時点からスルタン権力の維持を図り、立憲制においてもスルタンの地位を充分に確保しようとしていたと思われる。イスラム法官として高い教育を受け行

メフメト２世

政官としての業績もあり法務大臣として近代的民法典を作成したジェヴデト・パシャは、アブドュルハミド二世のような有能な君主には立憲体制は不必要であり、専制政治が公正さを持っておこなわれるのならば適任であるとしている。高級官僚政治家であり、歴史書を書く知識人でもあったジェヴデト・パシャが、このような考えを持っていることは、オスマン帝国の改革の方向性を理解するために重要である。ジェヴデト・パシャは西欧の近代思想に対して理解をしていたと思われるが、それ以上に受けた教育と経歴から伝統的なイスラムの体制の中のスルタンの存在が理論的に固定されていたためであろう。なお、法務大臣であったジェヴデト・パシャは、国外追放後帰国したミドハト・パシャを逮捕するためにイズミルに派遣された。

アブドュルハミド二世は、官僚政治家に政治を任すことなく、自ら親政する方法を模索したと考えられる。スルタンの親政は、征服者メフメト二世以来とされ、アブドュルハミド二世を称える人たちは喜んで受け入れたといわれる。それはしばしば、アブドュルアジズやアブドュルハミド二世の時期の専制政治に反対して、ヨーロッパに渡った知識人が西欧の思想を受け入れながらもイスラム思想を強調する立場になって帰国することが多く見られることからも、西欧の自由競争を基本とする一見無秩序な競争社会に対する、イスラム社会の絶対的秩序の基本である公正さを比較検討するときに、イスラム社会の価値はおのずから高められると考えたからであろう。

❖側近たちの選任

アブドュルハミド二世は、ムラト五世を廃位し自分の即位を決定した政府高官に対して警戒心を持っており、彼らの職務を継続させることは、自らの地位を危うくする危険性があることを考えてはいたが、大宰相リュシュテュ・パシャはじめ、ミドハト・パシャらを閣僚に留任させた。しかし、宮殿の内廷人事については明確な自己主張を表した。ミドハト・パシャらの西欧化タンジマート官僚を拒否している者を側近に置いたのである。宮殿の内廷官僚人事は、最高責任者の元帥職にアブドュルハミド二世の一歳年下の妹ジェミル・スルタンの夫ダマト・マフムト・ジェラレッディン・パシャを、次席の大将職にサイト・パシャ（インギリズ・サイト・パシャ）、書記官長には元帥マフムト・パシャの推薦により、のちにアブドュルハミド二世の下で七回大宰相に任命されたサイト・パシャ（キュチュク・サイト・パシャ）を任命した。さらに、大宰相らに全く諮ることなく、オスマン軍総司令官（セルアスケリ）にレディフ・パシャを任命した。これらの人事は、アブドュルハミド二世個人の宮殿内の立場を防衛する布陣であった。そして、アブドュルアジズの廃位を決定したクーデタをよく理解していたアブドュルハミド二世は、軍を動かすことのできる総司令官に信頼できる人物を任命した。

❖ミドハト・パシャの憲法制定に向けての動き

アブドュルアジズを廃位させて専制政治を打倒したミドハト・パシャを中心とする新オスマン人たちが、新しいスルタンに憲法制定を迫ったのは当然であった。立憲政治の容認を考えたムラト五世は、短期間でスルタン位を離れた。アブドュルハミド二世が憲法制定を否定することなく即位した事情もあって、憲法制定は表面的には了解されたものとされて、憲法制定作業は進行していった。

憲法制定については、オスマン帝国の各層によってさまざまな対応がなされた。それらの中で新オスマン人協会の中心であり、指導的役割を担っていたミドハト・パシャは憲法制定に対して、憲法制定議会によるものではなくスルタンが公布する欽定憲法を想定していた。彼はこの立憲体制の基本法を、セリム三世の改革に模倣して『カーヌヌ・ジェズィード』（新法）と名づけた。この命名に、彼の想定していた立憲体制の内容的限界を感じさせる。カーヌンは単に法という意味がありイェニチェリ法などと使われるものであるが、憲法は、基本法カーヌヌ・エサシとされた。しかし、基本法カーヌヌ・エサシは、根本法であるイスラム法（シャリーア）に基づくカーヌンの一つである。イスラム諸国では憲法は一般的にドゥストゥールという語がつかわれている。また現在のトルコ共和国では、憲法は公式にアナヤサ（カーヌヌ・エサシの現代トルコ語訳）と称されシャリーアには従属することはない。アナとは母なる、または基本という意味があり、ヤサはモンゴル語などの古いアルタイ語系の法という意味がある。

フランスなどの市民革命を経験して成立した憲法に基づく政治体制は、王権に対抗する富裕市民層の議会を権力の正当性の基本とした政体であったことから、憲法は議会によって制定されていた。権力を獲得しようとする富裕市民層は、権力の基礎である議会を樹立しすべての立法の根源として、憲法の制定に関与した。

しかし、オスマン帝国の政治家の中で最も開明的とされていたミドハト・パシャでさえも、憲法はスルタンによる公布が望ましいと考えていた。すなわち、スルタン権力の制限を規定する憲法はスルタンの同意によってのみ成立すると考えていた。憲法制定を掲げてアブドュルアジズを廃位して、ムラト五世を擁立し、さらにアブドュルハミド二世をスルタン位に推したのは、憲法がスルタンの同意によって成立させるべきものと考えたからであった。

これは、旧来のオスマン政治を実質的に支配していた高級官僚政治家が、スルタンの権力を法的に制限して実質的にオスマン政治権力の中枢に付くとの考えから出たものであろう。オスマン帝国において、富裕市民層はその多くが非ムスリムのキリスト教徒ギリシア人、アルメニア人もしくはユダヤ教徒たちであったことから、富裕市民層が政治的集団としてオスマン帝国では認知される段階にはなかった。ミドハト・パシャの想定した立憲体制は、西欧の議会制を基本とした立憲体制というよりは、王権もしくは皇帝権の存在を否定しない立憲君主制であった。しかし、スルタンの権力の専制化は抑えるべきことと考慮していたと考えられる。その結果、ミドハト・パシャは、次のような内容を持った憲法草案を作成した。

オスマン家の最年長者がスルタン位とカリフ位を継承する。このスルタンの権力を代行する大宰相（サドラザム）の職務をおこなう代行者（ヴェキル）の長としてバシュヴェキル（筆頭大臣）の称号をもってヴェキル（大臣）たちの会議すなわち閣議を主宰するという行政府を規定した。さらに立法府としては、一二〇人の代議員会を設定し、定員の三分の二が各州からの選出、残りの三分の一は大臣や高級官僚から選出されるとした。他には、憲法は議会によってのみ改正が可能であり、帝国の公用語はトルコ語であることが組み込まれていた。なお、議会のもつ立法権はイスラム国家であるオスマン帝国ではイスラム法の制限があり、憲法は最高法規ではなかった。

ミドハト・パシャの草案に対して、提案された形式の整った憲法草案が、アブドュルハミド二世の長年の側近であるサイト・パシャによって提出された。これは、フランス憲法の直訳に近いものであった。このため、ミドハト・パシャの草案より形式的にも内容的にも整備され充実したものであった。政治犯の死刑の廃止や言論出版の自由なども規定されており、立法権は国会にあって国会議長が法の制定を宣言し、司法においては、裁判官は公正な活動を保証され、法に反しない限りはその職務を追われることはない。このように三権分立の精神が保障されている。しかし、スルタン権力はきわめて弱体であり、議論の対象にはならなかった。

憲法制定作業は、新たに大宰相に任命されたミドハト・パシャによって開始された。憲法制定委員会が設立され、セルヴェル・パシャが議長となり一六人の文官官僚、一〇人のウラマー（イスラム法官）、軍からは二名の大将、そして三名のキリスト教徒参事官が招集された。新オスマン人たちの多くが求めたものは、ミドハト・パシャの起草した憲法草案よりも保守的であった。また、高級官僚政治家や宮廷の側近衆たちにとっては、スルタンの僕《しもべ》として長年培われた立場を払拭することは難しく、スルタン権力の制限を法的に定めることに躊躇《ちゅうちょ》した。アブドュルアジズの廃位に加担した前大宰相リュシュテュ・パシャなどの保守的高級官僚は、ミドハト・パシャから距離を保つようになった。さらに憲法制定反対の急先鋒に立ったイスタンブル・カドゥアスケルのシェリフ・ムヒッテン・エフェンディはじめ多くの反対派を地方に左遷したことも憲法に反対する人たちの同情を集め、憲法制定派にとって大きな障害となった。

このような事態を背景に、アブドュルハミド二世は憲法を骨抜きにすることによって、スルタン絶対権力の存続を考えた。スルタンが最終的な国家意思決定権を憲法に挿入することを求めた。その結果、迫っているイスタンブル会議開催初日に合わせて憲法を制定することを望んだミドハト・パシャは、ナームク・ケマルらの進歩的な新オスマン人の強い反対を押し切って、最終的にスルタンの拒否権である憲法第一一三条を取り入れることを認めた。

憲法は第一一三条を挿入した形で制定された。第一一三条の条文は、国内に非常事態が発生することが予見される場合政府は、その地域に特別に臨時手段として戒厳令を施行することができる。政府の安全を脅かすとされる人物を、オスマン国家の領域外へ追放する権限は、スルタンのみに限られるとある。これは憲法のすべての効力を否定することのできる条項であった。第一一三条を憲法に入れたことは憲法制定反対派の成果であり、ナームク・ケマルやズィヤ・パシャなどの新オスマン人の開明的人士たちの挫折でもあった。

しかし、第二次立憲制が成立すると一九〇九年八月八日議会は第一一三条を改正して「スルタンは祖国と国民に忠誠を宣誓すること」および「いかなる者も法の定めた理由・形式を口実として逮捕および罰を受けることはない」とした。

❖国内体制

憲法が制定される前の国家体制はスルタンの代理者である大宰相が内政、外政の中核であった。シェイフルイスラムを頂点とするイスラム法を施行する法務関係は論理的には政府から独立した存在であった。

憲法が成立すると、立法、司法、行政の三権分立制が定められた。立法権は元老院と庶民院で構成される国会が保持し、そのもとに国家評議会、大審院が置かれ法律の内容の調査・審査をおこない、違法性の有無を決した。司法権は最高裁判所とシャリーア法廷および一般法廷から構成されシェイフルイスラムの任命する裁判官からなる裁判所からなっていた。行政はスルタンとカリフを補佐する大宰相とシェイフルイスラムで構成される行政府のもとに税収、大蔵、商務、ワクフ、教育、国土・運輸、財務、法務、外務、総参謀本部、海軍、砲兵工廠《こうしょう》、公安などの長官が配され、各々の行政省庁を統括した。

アブドュルハミド二世の専制政治が始まると、国会は閉鎖され、三権の機構の上に行政の担当者であったスルタンが位置し、ユルドゥズ宮殿を拠点とした。立法権は、国会が無くなったため、国家評議会がスルタンの意向に沿って行使した。司法権もスルタンの意向に沿ってスルタンの任命したシェイフルイスラム以下各裁判官が裁判をおこなった。行政府は大宰相の管理下に置かれたが、大宰相や各大臣及び地方行政府の官吏の任命権はスルタンのもとに集中し、行政の末端までスルタンの意向が浸透した。

立法の役割を持つ国会は、閉鎖されたため立法の独立性は全くなくなった。また各地から選出された代議員の活動の場がなくなったことにより地方の民衆の意向が全く無視された。かくして、スルタンの直接支配となった行政と司法は機構的には存続したものの、内実はスルタンの意向の忠実な実行機関であった。

Ⅱ

アブドュルハミド二世統治初期の内外の情勢

1　国内情勢

❖オスマン軍

アブドュルハミド二世の治世の初期には、西欧的にセルアスケリ（軍最高指揮官）もしくは軍事大臣のもとに軍事委員会、参謀本部、砲兵工廠が置かれ、将軍はじめ佐官、尉官の将校や下士官、兵の階級が整っていた。また、軍、軍団、旅団、師団、連隊、大隊、中隊の組織編成がなされていた。第一軍（イスタンブル）に当たるハッサ軍はアジア側のセリミエ兵営に司令部を置いた。第二軍はシュムヌ（のちエディルネ）に司令部を置くドナウ軍であり、第三軍はルメリー軍で司令部はマナストゥル（のちサロニカ）であった。第四軍はアナトリア軍で司令部はエルズルムであった。第五軍はアラビア軍でダマスカスに司令部を置いた。第六軍はイラク軍で司令部はバグダードであった。イェーメンに第七軍が配されていた。他にリビアのトリポリに独立部隊が配された。各軍は歩兵大隊、騎兵連隊、砲兵連隊、工兵隊などで構成され

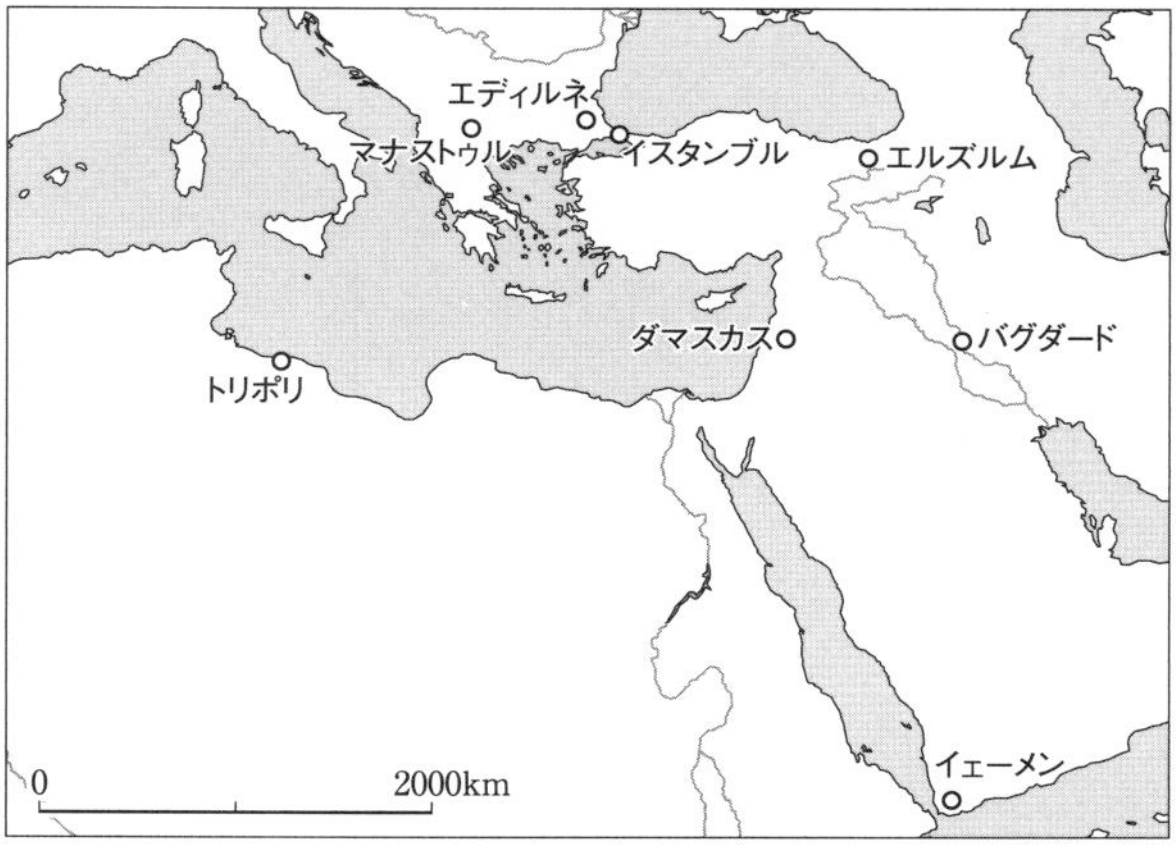

オスマン帝国の軍の配置

ていた。その後、対外戦争には各軍が動員され方面軍が編制された。第一次世界大戦時は九個軍に再編された。

軍の教育機関として指揮官育成のための陸軍士官学校や海軍兵学校が設立されていた。軍医学校、軍技術学校などの専門職を育成する教育施設もあった。

また、軍の装備を生産管理する砲兵工廠や被服廠などがあった。また、艦艇を製造する造船所のドックも金角湾内に設置され、ここに海軍省が併設された。

兵士の徴集　イェニチェリ廃止まではオスマン軍の兵士は有給であった。その後は、原則はオスマン帝国民を対象とする徴兵制をとったが、実際はトルコ人ムスリムに限っていた。非ムスリムは軍役負担金の支払いにより対象外となり、辺境地のボスニア・ヘルツェゴビナ、アルバニア、アラビア半島、リビアのトリポリなどのムスリム居住地からも徴兵を行わなかった。さらにイスタンブル住民も徴兵の対象外であった。アブドュルハミド二世の治世初期には、原則としてトルコ人ムスリムで軍を編成しており、ミドハト・パシャが陸軍士官学校で非ムスリム学生の入学をアブドュルハミド二世に認めるように要請したが断られている。しかし、憲法では原則として徴兵はオスマン臣民の義務となっており、士官学校や軍医学校には非ムスリムの教官や学生が存在した。アブドュルアジズの時代にできた徴兵免除金制度は残っていたため、キリスト教徒の多くは徴兵を逃れることができた。オスマン=ロシア戦争において各軍の定員は充足されておらず、部隊の人数の把握も不十分であった。このため、アブドュルハミド二世の統治期には、兵士の不足を補充するため、キリスト教徒など非ムスリムの兵役を義務化した。三・三一事件で鎮圧部隊の指揮官のキリスト教徒将校がムスリムの反乱兵によって殺害されている。また、解放戦争時にアナトリアで徴兵されたアルメニア人兵士の留守宅は近隣のトルコ人から保護を受けていた。宗教上の対立は極めて原則的なもので、民衆の日常生活では対立の構図はほとんど見られない。

兵役 オスマン軍の徴兵によって招集された新兵は、教育訓練を受け正規軍編入された。原則的には正規軍の兵役は四年間であり、現役を終えると毎年一か月の訓練招集がある八年間の予備役に配され、さらに八年間の後備役があった。兵役は合計二〇年であった。しかし、アブドュルハミド二世期には継続的に戦争が続いたために、兵員の補充が充分でなく、現役、予備役、後備役を問わず戦線に駆り出された。

軍制改革　オスマン＝ロシア戦争でイェシルキョイまで前進したロシア軍司令官に対して、アブドュルハミド二世は手紙を送りイスタンブルに入場するならば、スルタン自身が巡洋艦に乗ってロシア軍を砲撃すると通告して進撃をイェシルキョイで留まらせるために発言したと言われるが、海軍の装備については熟知していない行動であり、士気を鼓舞するスルタンのパフォーマンスであったと思われる。アヤステファノス講和条約締結後、ロシアのその後の圧力を抑えるためロシアと友好的なフランスに対して軍事顧問団の派遣を依頼したが、拒否された。

アブドュルハミド二世は、一八八〇年イスタンブル駐在ドイツ大使を介してドイツからの軍事顧問派遣を要請した。直ちに首相ビスマルクは、皇帝ヴイルヘルム一世に上申したが、皇帝の慎重な情勢分析により協定を締結するまで約二年間を要した。一八八二年に軍事顧問団派遣協定により、オスマン軍の近代化改革のためにドイツからコイレル参謀大佐を団長とする四名の軍事顧問団がオスマン帝国に来訪した。顧問団は団長以下、歩兵大尉カムプホフネル、砲兵大尉フォン・ホーベ、砲兵大尉リストウであった。同時にオスマン軍青年将校一〇名がドイツへ教育のために派遣された。

コイレル顧問団長が一八八五年に死去し、代わって一八八三年から顧問団に入ったフォン・ゴルツが顧問団長となった。ゴルツは主に装備の改革に努め、ドイツ製のクルップの大砲、モーゼルの小銃を導入した。ドイツ軍事顧問団のオスマン軍の改革は装備にとどまらず、作戦行動などにも発展し、総参謀本部の中枢を占めるようになった。

オスマン政府がブルガリアの東ルメリー州管理権の拡大に対して圧迫をおこなったことなど、バルカンへの強硬策に反発し、ギリシアがクレタ島の自治権問題を口実にオスマン政府に開戦を通告した。当時のクルップの武器は優秀なため世界各国に輸出されており、バルカン諸国の軍にも補給されていた。しかし、ドイツ軍人の教育を受けたオスマン軍はドイツ製の兵器をもって、ギリシア軍を撃破し、アテネを占領した。この事態にロシアはアナトリア東部への侵攻を示唆して、オスマン軍のギリシアからの撤退を要求したため、オスマン軍は国境まで後退した。オスマン軍の一部ではあるがドイツ軍事顧問団による改革が成功したといえる。

もっとも、トルコ共和国第二代大統領のイスメト・イノニュは当時第二軍にあって、新型大砲を導入した時、指揮官の多くが読み書きできないため解説書を理解できず、最初の訓練では砲弾を発射する砲が少なかったと回顧録に記している。

オスマン軍では指揮官の将校に士官学校卒業者のみで充足できず、兵、下士官から昇進したアライル・スバイと呼ばれる将校が元帥以下少尉に至るまで数多く存在した。彼らは教育を受ける機会がなく、アラビア文字で表記されたトルコ語の識字率は極めて低かったため、多くの将兵下士官が読み書きできなかった。憲法復活し、アブドュルハミド二世の廃位のきっかけとなった三・三一事件は、退役を迫られた読み書きのできないアライル・スバイの反乱が発端となった。

❖教育体制

オスマン帝国の教育は基本的に、イスラム法学者育成のためメドレセ教育が一つの柱であった。一七世紀ごろまではブルサとイスタンブルのファーティフ、スレイマニエの三か所のメドレセが最高学府であった。一七世紀からエンデルンというデヴシルメで徴集した非ムスリムの子弟をイェニチェリなどに供給するために設けられた高度の教育施設があった。しかし、一九世紀初めごろまでは、国家の大衆を教育する国民教育は制度的には確立されていなかった。非イスラム教徒の教育は各共同体によって展開され、各宗教宗派で独自の教育制度が継承されていた。ムスリムは各地のモスクで子供たちにコーラン講読がおこなわれており、初等教育としてスブヤンとよばれる学校があった。これらは宗教的ワクフという基金によって運営されていた。スブヤンは一九世紀中ごろ制度化され教員育成学校が設立された。大衆に対してはモスクのイマムと呼ばれる宗教指導者の礼拝後の説教で日常の生活規範が教えられていた。

一六九九年のカルロヴィッツ条約、一七一八年のパッサロヴィッツ条約の締結後、西欧の軍事教育を参考に海軍技術学校、陸軍技術学校が設立され、タンジマート前には軍医学校、士官学校が設立された。タンジマートにより西欧的教育が提唱されるようになり、軍学校以外の民間学校を統括する教育省が設立された。一八六九年制定の大衆教育法により西欧教育制度が導入された国民教育制度が成立したといえる。

アブドュルハミド二世の統治期の教育制度は、義務教育を提唱したマフムト二世の時代の改革勅令以後の西欧化教育体制理念の継承であった。それ以前のアブドュルアジズの時代は教育の西欧化が具体化されたが、実施はイスタンブルが中心であった。

アブドュルハミド二世の治世当初は憲法の制定により教育が重要視された。憲法第一五条には教育の自由が明確化されている。第一回の国会において、教育基本法が制定された。教育省が成立し、大臣、次官のもとに高等教育、中等教育、初等教育および調査翻訳、出版の五局が設置され、そのほかに教育委員会が委員長のほか五名（のち八名）をもって成立した。なお、調査翻訳、出版の二局は憲法停止後廃止され検閲委員会として教育出版の統制の機能を行使した。

アブドュルハミド二世期の教育体制は、タンジマート以来の形式を踏襲し、アブドュルアジズの教育改革法を継承した。憲法の施行により地方への教育普及が進められ、各州に教育担当の部局が設置されて、初等教育を中心に地方への西欧化教育体制が推進された。アブドュルハミド二世の在位中に全国の中学に当たるリュシュティエの数は二五〇から六〇〇へ、高等小学校のイダディは五から一〇四へ、師範学校は四から三二へ、小学校に当たるスブヤンは二〇〇から一〇〇〇に増加している。

アブドゥルハミド二世の時代の国民教育制度は、政府の管理にある公立学校と私立学校に分けられる。公立学校には初等教育の小学校の教育期間は四年間であり、イスラム学校、非ムスリム学校、女子小学校に分けられる。さらに高等小学校三年間である。中等教育の中学校四年間であり、イスラム中学、キリスト教徒中学、女子中学に分けられる。高等教育の高校（スルタニィ）は予科が三年間であり、本科が三年で文科系と理科系のコースに分けられる。そしてイスタンブルには最高学府の大学（ダリュリュヒュヌン）が設置され、文学・哲学学部、法学部、理学部が設置された。

なお、教員養成の師範学校（ダリュリュムアッリム）は中学校教員課程が三年間、高等小学校教員課程が二年間、高校教員養成課程が三年間であった。女子師範学校（ダリュリュムアッリマアト）小学校教員課程が二年間、中学校教員課程が三年間であり、ムスリムと非ムスリムは別のクラスに分けられた。女子の教育は小学校、中学校であり、女子師範学校がこれらの教員養成に当たった。一方、私立学校は、ムスリムの開校したもの、非ムスリムおよび外国人によって開校したものに分類される。

2 バルカン半島情勢

❖概観

一八七六年、アブドュルハミド二世の即位時のオスマン帝国の対外的課題はバルカン半島における東方問題といわれるものであった。頻発する民族運動への鎮静化政策は列強の介入が恒常化していた。

アブドュルアジズの時代に始まったボスニア・ヘルツェゴビナの反乱とブルガリアの自治権獲得運動は、オスマン軍の平定作戦によりある程度鎮静化された。しかし、この強硬政策がキリスト教徒への残虐行為とされヨーロッパ諸国の反発をかった。列強は自国のキリスト教徒世論を背景として、オスマン政府にバルカン半島のキリスト教徒保護を求め、オスマン帝国への内政干渉強化の口実とした。

バルカンの諸民族はオスマン政府の譲歩を引き出し自国の独立、少なくとも完全自治権の獲

バルカン半島情勢

得をめざした。セルビア、モンテネグロの両自治国は、隣接するボスニア・ヘルツェゴビナの反乱を支援し、多くのセルビア人やモンテネグロ人がボスニア・ヘルツェゴビナに潜入し、オスマン軍へのゲリラ活動を支援した。

セルビアでは、ユーゴスラヴ（南スラヴ）の統一を広く訴えた。セルビア人、クロアチア人、スロヴェニア人そしてブルガリア人が、ベオグラードに結集し、ひとつの権力の下に統合すべきであるとの声明が発表された（これは第二次世界大戦後のユーゴスラヴィアの建国により達成された）。多くのスラヴ人が統一運動に同調し、セルビア、モンテネグロの行動を支援した。バルカン諸民族の所属するキリスト教会は、北部の少数が信仰するカトリック教会と大部分が信仰するオーソドックス（正）教会であった。しかし、キリスト教は言語集団によって各々の教会を構成したため、バルカン諸民族の教会の宗教的理由で民族統一が困難であった。

バルカン半島でのスラヴ民族運動の高揚を、スラヴ系のロシアはバルカン半島進出の口実とした。ロシアはスラヴ人の反乱支援を正当化する論理的背景としてパン・スラヴィズムを掲げ、クリミア戦争で挫折したバルカン進出を公然と再開した。

ロシアのバルカン進出に対して、オーストリア・ハンガリー二重帝国を支配するハプスブルク家は、従前から持つバルカン半島への影響力を維持するために、ドイツと協調してバルカン半島の利権保持を目指していた。ドイツを強力な背景としたオーストリア・ハンガリー二重帝国のバルカン進出は基本的にロシアの民族主義を背景とした領土拡大をめざす拡張主義と異なる理論に拠るものであった。普墺戦争に敗れたハプスブルク家はドイツと協調政策をとり、バルカン政策としてパン・ゲルマン主義による帝国主義的植民地利権獲得競争を展開した。一般的にパン・ゲルマニズムと言われるものは植民地主義に基づくものであり、パン・スラヴィズムの民族統一主義とは内容的に異なっている。オーストリア・ハンガリー二重帝国の皇帝であるハプスブルク家の計画はボスニア・ヘルツェゴビナを領有し、さらにノヴィバザール、コッソヴァ、マケドニアを経てサロニカへの植民地獲得の野心を持っていた。

ヨーロッパ諸国のバルカン半島における動向を見ると、ロシアとハプスブルク家は近接する領土拡大の準備をしていたが、ドイツは統一がなったばかりでありフランスの巻き返しを恐れ、フランスがロシアと同盟して東西両方面から圧力を受ける事態を避けるため、両国との対立を生じさせないように腐心していた。このため、ドイツはロシアとオーストリア・ハンガリー二重帝国のバルカン半島での衝突が混乱の原因となると考え、バルカン半島の安定化を求めていた。一方、イギリスはバルカン半島における利権争いを、単独で介入しての解決は困難であると考え、諸国の干渉の推移を見て介入への機会を探っていた。

❖セルビア、モンテネグロとの戦争

アブドュルハミド二世の即位した一八七六年、セルビア、モンテネグロはアブドュルアジズへのミドハト・パシャなどのクーデタ事件、さらにチェルケス・ハサンの事件などのオスマン政府の混乱を好機と考え、オスマン帝国に対する開戦気運は高まった。セルビアはロシアのチェルニャエフ将軍をセルビア軍最高司令官に任命し、国境地帯で挑発行為を行った。オスマン政府はセルビアに挑発行為の中止を期限付きで通告した。セルビアの太守ミランは、即刻大宰相に回答を送り、チェルケス人、アルバニア人、クルド人などからなるオスマンの遊牧騎馬

軍団が国境を超えて侵入していること、ボスニア・ヘルツェゴビナの反乱がセルビア国内の商業活動に大きな損害を与えているとし、ボスニア・ヘルツェゴビナはセルビア人と同じ民族であるから、セルビアが、ボスニア・ヘルツェゴビナの民族運動を支援することは正当であり、オスマン政府はセルビアと同等な自治権をボスニア・ヘルツェゴビナに与えるべきとした。セルビアはオスマン政府が到底受け入れられない回答に、強い反発を起こすものと考えた。オスマン政府が対応する前に、セルビアは宣戦布告し、モンテネグロも同様に宣戦布告した。バルカン半島でオスマン帝国とセルビア、モンテネグロの戦争が開始された。この戦争の中でアブドュルハミド二世はムラト五世に代わって即位した。

セルビア軍は、オスマン軍の総攻撃を受けて、総司令官のチェルニャエフ将軍はデリグラード、アレスナッツを放棄して後退をつづけ、セルビア軍は総崩れとなって戦線は崩壊した。オスマン軍はセルビアの首都ベオグラードに向けて進軍を続けた。

この大敗北にロシアのツァーは、イスタンブル駐在大使イグナチエフに訓令を送り、オスマン政府に対して四八時間以内にセルビア戦線のオスマン軍に対し停戦を命じるよう要求し、この要求が拒否されればロシアの参戦があると最後通告した。オスマン政府はロシアの最後通牒を拒否する力はなく受諾し、セルビア、モンテネグロに対する二ヶ月間の無条件停戦が決定した。ロシアは、オスマン政府に対しセルビア、モンテネグロの安定を確保するためにイスタンブルで会議の開催を提唱した。

ロシアの最後通牒によりセルビアは救われた。ロシアは、イスタンブル会議において、ボスニア・ヘルツェゴビナの自治国化、ブルガリアにおける諸改革の実施をオスマン政府に要求すると表明した。イスタンブル会議でこの案件を検討する保証として、ロシアはブルガリアを占領し、これに不満を持つハプスブルク家にはボスニア・ヘルツェゴビナ併合を認めるという提案をした。しかし、オスマン帝国と領土を接するロシアとオーストリアの勢力拡大という形のバルカン半島の民族運動の処理に対して、イギリスは直接的に関与する手段を持っていなかったために、クリミア戦争のパリ講和条約の有効性を主張しロシアを牽制した。

オスマン政府は、国内問題である反乱平定に、列強が干渉するイスタンブル会議が理不尽であるが、拒否できないと考えた。イスタンブル会議のオスマン政府代表に任命された外務大臣サフェト・パシャは、セルビア、モンテネグロを開戦以前の状態にもどし、その上で、ボスニア・ヘルツェゴビナの自治的地方政府および、ブルガリアでも類似の統治体制の樹立の条件を表明してイスタンブル会議の開催を受け入れた。

しかし、オスマン政府には憲法の制定という難事業が存在した。保守派の大宰相ミュテルジム・リュシュテュ・パシャが辞任し、新たにミドハト・パシャが任命された。彼の大宰相就任は国内外に大きな反響を呼び起こした。憲法制定推進論者として知られるミドハト・パシャの大宰相就任に、多くの知識人らは近く憲法が制定されるという思いを募らせた。一方、ヨーロッパ諸国では近代化思想のミドハト・パシャの人となりがよく知られており、オスマン帝国の近代化改革への期待も大きかった。

❖イスタンブル会議

ロシアの要求により開催されたイスタンブル会議には、イギリスの主張によりクリミア戦争の講和条約を締結したパリ会議に参加したオスマン帝国、ロシア、イギリス、フランス、オーストリア、ドイツそしてイタリアが召集された。各国代表団は二名とされ、うち一名はイスタンブル駐在大使が当てられた。オスマン政府は、会議の議長を兼ねる外務大臣サフェト・パシャと、ベルリン駐在大使のエトヘム・パシャが代表となった。ロシアは、イスタンブル駐在大使ニコライ・イグナチエフ伯将軍、イギリスは植民地相ソールスベリー卿と駐在大使ヘンリー・エリオト卿、フランスは駐在大使フランソワ・ド・ブルグン伯爵とジャン・バティスト・ド・ショードーディ伯爵、オーストリアは大使フランツ・フォン・ジシー伯爵とハインリッヒ・フォン・チャリス男爵、ドイツは大使カール・ヴェルテル男爵、イタリアは大使ルイジ・コルティ伯爵が全権代表となり、会議の事前折衝はなかった。

会議は一八七六年一二月二三日、金角湾に面したカスムパシャの海軍省の海軍工廠の建物で開催された。各国の代表は各々の控えの間に案内され、オスマン側の代表が各控えの間を訪問した後、大広間に招き入れられて指定された席に着いた。主催者のオスマン政府代表から会議の内容の説明がおこなわれている最中に、外から急に大きな砲声が轟《とどろ》き始めた。これに外国の代表団は驚いた様子であったと伝えられている。

オスマン側の代表団は直ちに起立し、外務大臣サフェト・パシャが会議に出席した各国の代表団に対して「お集まりの諸代表閣下、金角湾の対岸で発せられたこの砲声は、わが国民の要求によりスルタン陛下がオスマン国家に必要とした新しい体制を宣言した証である。これこそ、立憲体制であり、オスマン帝国におけるすべての国民が自由の権利を授与された。この革命的事態の前に、この会議の必要性はなくなった。」と口上を述べた。各国の代表は、氷のように固まりしばらくは声を発する者さえいなかったと言われている。オスマン政府の電撃的な行動に各国代表は驚きを隠すことができなかったことを示している。

まだ近代的憲法の制定に至っていない負い目を持つロシアの全権代表イグナチエフは、憲法制定の意義を拒否するため「このようなことは、会議に何の影響も与えることはない、今日のために準備した項目についての検討を始めるべきである」と述べた。このロシアの会議続行の提案が消極的ながら受け入れられたため、オスマン側の代表団は退席した。

ミドハト憲法の発布式

❖憲法の公布

オスマン政府は、一八七六年一二月二三日に大宰相府前の広場に多くの民衆を集めて、祝砲を打ち、スルタンの憲法制定の勅令を読み上げた。この砲声が、金角湾の対岸の海軍工廠の建物で開催されていたイスタンブル会議の代表団の耳に届いたのである。

数か月にわたり検討をしてきた憲法の草案が完成し、憲法を承認するために招集された閣僚、ウラマーおよび高級官僚による最高会議で読み上げられ承認を受けたのち、スルタンによって勅許を受け、勅令が発せられた。このような過程を踏んで、民衆の前に公表された憲法であった。

大宰相府周辺に集合した一般民衆に対して憲法の制定を伝達し、人々が祝福する形態はオスマン帝国憲法が帝国民のために制定されたものであることを宣言したものであった。かつてのタンジマート改革のギュルハネ勅令は、外国使節を招待したギュルハネ庭園で、国内のキリスト教徒らの待遇改善を柱とする国内改革を外国使節に公表したものであり、国内向けではなく対外的なものであった。それゆえ大衆を前に憲法を発表したことは、ミドハト・パシャの意図を明確に示したものである。オスマン帝国の西欧的改革こそが西欧と同等な立場を作ると考えたのである。

さらに、オスマン政府がイスタンブル会議に合わせて憲法制定を公表した意図は、クリミア戦争のときのロシアの強引な内政干渉に反対して支援してくれた西欧列強と同じように立憲君主国となったオスマン帝国に対して西欧諸国が再び支援してくれるものと考えていた。しかし、世界情勢は変化しており、各国の立場も変わっていた。

大宰相ミドハト・パシャは、憲法制定そのものが西欧諸国に対して充分な効果があると考えた。ただロシアが憲政国家に理解を示さなかったために不都合が生じた。会議から退席した外務大臣サフェト・パシャは、大宰相府へ報告に行き「彼らはなんと言っていたか?」とのミドハト・パシャの問いに、「彼らはなんて答えていいか戸惑っていた。子供のおもちゃだとも言っていた。」と答えている。外務大臣ら自身が憲法の意義を十分に承知していなかった子供の使いであったことが悔やまれる。

❖イスタンブル会議の続行

ロシアの会議続行の提案が、各国の暗黙の同意を得たため、オスマン政府の立場は困難な状態に陥った。当時の国際情勢から、フランスは、普仏戦争敗北後の対独政策としてロシアとの協調によるドイツ封じ込め策をおこなうため、ロシアとの協力関係にあった。また、イギリスは、本国政府と大使エリオットがロシアに反発する政策を採っていたにもかかわらず、全権代表のソールスベリーは、バルカン問題に介入するためにはロシアとの対立は不利であると考え、当面はロシアとの協調路線の立場をとっていた。またドイツはフランスとロシアの間にあって挟撃政策を緩和させるためにもロシアとの協調が必要であった。このようにして、イスタンブル会議の各国代表団は、ロシアの提案に反対することは得策ではないと判断し、ロシアの側に立ってしまった。イギリス本国政府がオスマン政府に対してわずかに同情するだけであって、他の諸国には同情すら見られなかった。このような背景をもって、ロシアはオスマン政府代表を招かず、外国代表団のみの会議を一方的にロシア大使館で開催した。

アブドュルハミド二世は、憲法の公布がイスタンブル会議に有効に働かなかったと考え、イスタンブル会議の続きとなる列強の会議へ次のような内容の提案をすべきとの書簡を大宰相ミドハト・パシャに送った。①ブルガリア問題の加害者を官吏も含め厳重に処罰する。②憲法の制定のため延期していた列強の提案した改革案を受け入れる。③憲法の核心であるキリスト教徒保護の趣旨から、イスラム教徒・キリスト教徒の間にいささかの差別も存在を認めない。④オスマン政府は、憲法によって定められた改革をおこなうために一定期間の猶予を求め、その後、各国の要求に応える。

しかし、ミドハト・パシャはこのアブドュルハミド二世の提案を会議に送ることを拒否した。列強の会議でスルタンの提案が受け入れられたとしても、オスマン帝国の立場は有利にはならないと考えた。提案は西欧的近代憲法の精神に反するものであり、西ヨーロッパ諸国に与えた影響を全く無駄にしてしまうと考えたからである。しかし、列強の代表団は、オスマン政府に対してバルカン半島における次のような強硬な改革要求案を突きつけた。①ブルガリアは東西二つの地区に分割される。②ボスニア・ヘルツェゴビナおよびブルガリアで上級裁判所が設置され、会議参加六カ国によって選出された裁判官が任命され、裁判はトルコ語のほか地元の言語も使用される。③ボスニア・ヘルツェゴビナおよびブルガリアの知事は六カ国によって選出される。④ブルガリア知事はキリスト教徒とする。⑤タバコ税および関税は国に納入され、その他の税は三分の一が国庫に送られ残余は各地方の経費とされる。⑥アシャール（原則として収穫物の十分の一税）は廃止され、これに代えて土地税を設定する。⑦軍役について、都市および要塞の防衛はイスラム教徒兵士が当たる。各州の兵役はその州内のキリスト教徒およびイスラム教徒が担当し、州外に出動はしない。ジャンダルマ（軍事警察）はキリスト教徒イスラム教徒双方から任用される。

代表団の要求は、イギリス代表が事前にミドハト・パシャに連絡することで、かろうじてイギリスのオスマン帝国政府支持の立場が保障された。しかし、ミドハト・パシャは、この要求に対して、憲法が制定されていることから、憲法に基づいて国会で検討することが原則であるとした。憲法が公布されて間もないことから、国会が開催されないため、二〇〇名の参加する公会の開催を決定した。閣僚、元閣僚、ウラマー、文武の高官、カトリック主教、正教会主教、ユダヤ教代表、その他の高官が召集された。公会は、外国代表団の提案の拒否を決定した。民衆が憲法公布に興奮する中で、イスタンブルの新聞各紙は外国の提案を拒否した公会の決定を支持した。

アブドュルハミド二世は、代表団の要求を拒否することはオスマン帝国にとって不利であると考え、要求拒否を主張した大宰相ミドハト・パシャを、憲法第一一三条をもって罷免・国外追放に処した。イスタンブル会議のためにベルリンの任地から帰国させた大使エトヘム・パシャを後任の大宰相に任命した。ヨーロッパ諸国で、オスマン帝国の救済のためにオスマン家に反発し共和国建設を目指す政治家と認識されたミドハト・パシャを罷免したことは、かろうじてオスマン帝国の側に立っていたイギリスの支援をも失う結果となった。

III

第一次立憲体制

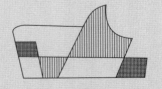

1　オスマン帝国憲法

❖成立過程

オスマン帝国憲法すなわちカーヌヌ・エサシ（基本法）は、アジアにおいて最初に制定された西欧近代的内容を持つ優れた憲法といえる。この作成に当たったアフメト・ミドハト・パシャ（一八二二～一八八四）はアブドュルハミド二世の治世初期に、列強の内政干渉により開催されたイスタンブル会議に、憲法公布を武器に列強に対抗し、憲法制定の準備を担当した。アブドュルアジズの末期から大宰相であったリュシュテュ・パシャに代わって大宰相となったミドハト・パシャはすでにアブドュルアジズの時代に、一八七二年から翌七三年の八〇日間大宰相の任にあった。

ミドハト・パシャの父親はブルガリアのルスチュック出身イスラム法官のメフメト・メシュレフ・エフェンデであった。イスタンブルで生まれた息子は、アフメト・シェフィキと名付け

ミドハト・パシャ　Alamy 提供

られたが、大宰相府に書記官補として業務に付いた時からミドハトを名乗るようになった。幼少のころ父親の任地であるブルガリア各地で過ごした。イスタンブルに戻り、ファーティフ・モスクで高名な法官からイスラム法やアラビア語、ペルシャ語を学んだ。大宰相府書記官から地方書記官などを歴任し、監察官となった。監察官時代、アラビア第五軍において不正が蔓延していた状況を報告したため司令官キプロス出身のメフメド・エミン・パシャと対立した。しかし、その後ミドハトが中央や地方の不正を摘発し、多くの行政改革に成功を収めたことにより、彼の公正さを認めたメフメド・エミン・パシャと和解した。メフメド・エミン・パシャが大宰相となると、ミドハトを大臣職に昇進させパシャの称号を与え、ニシュ州知事に任命した。四年間のニシュ州知事時代、ミドハト・パシャは、ムスリム、非ムスリムの平等を基本とする改革をおこない、ルメリーの重要州であるニシュ州の発展を促した。この功績により、イスタンブルに呼び戻され、新しい州制度を作るための法令の作成を命じられた。彼の努力により「ドナウ州法」が制定され、ニシュ、シリストゥレ、ヴィディンの三州を統合してドナウ州を編成し、初代知事にミドハト・パシャ自らが任じられた。ミドハト・パシャは直ちに州都で州議会の選挙をおこなうことを条件に就任した。三年間の任期で、数々の改革をおこない、村単位から州単位の議会を成立させ、幅広く民意をくみ上げげた。公共事業もおこない、多くの橋を架け、道路網を整備した。農業育成のため今日まで続き、共和国成立時には国内農業の発展に寄与した農業銀行を設立した。

三年の任期を終わり、新しく創設された中央政府の国家評議会議長に任命された。しかし、彼が、州知事を離れた直後ブルガリアで反乱が発生した。アブドュルアジズは、直ちにミドハト・パシャを派遣し反乱平定をはかった。わずか二〇日間で反乱を収束させ、ミドハト・パシャはイスタンブルに帰還した。

国家評議会は一八六八年から四一名の評議員をもって業務を開始した。ミドハト・パシャは国籍法の制定や鉱業開発、産業学校の設立などに尽力した。しかし、彼の革新的方法は、保守派の大宰相アリ・パシャと対立を生み、国家評議会議長の職を解かれ、バグダード州知事に異動させられた。バグダードにおいても、各種学校の設立や、チグリス・ユーフラテス川の河川交通の開発をおこなうなど、幅広い改革をおこなった。また、バスラ湾の沿岸航路の開発もおこない、部族支配地であったクウェートをオスマン宗主権下に編入した。

大宰相に反タンジマート派のマフムト・ネディム・パシャが就任すると、ミドハト・パシャは一八七一年バグダード州知事を辞任した。イスタンブルに帰還したが、一年後、大宰相からシヴァス州知事を命ぜられたが拒否し、エディルネ州知事を提案されたが、任地に赴く前に、アブドュルアジズにより大宰相に任命された。しかし、マフムト・ネディム・パシャと対立したため更迭された。知事や中央政府にあって様々な改革を成功させ、多くの業績をあげたにもかかわらず、中央政府の保守的高級官僚にはあまり受け入れられなかった。リュシュテュ・パシャの大宰相時に国家評議会議長としてアブドュルアジズ廃位に向けての軍事クーデタを企画してムラト五世を擁立した。病気を理由にムラト五世を廃位してアブドュルハミド二世を推戴《すいたい》した。

タンジマート官僚としてフランス視察などで西欧の幅広い知識を吸収し、ルメリーおよびバグダードなどの知事職を歴任する中で、民衆の意見を取り入れる地方議会を重視する立場をとった。このような考えを基本として立憲体制の樹立を推し進めたことから、西欧からは、開明的な共和主義者として考えられていた。しかし、ミドハト・パシャの先進的傾向は、国内の憲法制定に反対する多くの宮廷府官僚や高級官僚さらにウラマー階級に属する保守派から反発をかっていた。

アブドュルハミド二世は、自身をスルタンに推挙したミドハト・パシャに対して、憲法制定作業を認め、憲法制定会議の設立や憲法草案の作成を許した。アブドュルハミド二世は、リュシュテュ・パシャが辞任した後任にミドハト・パシャを大宰相に任命した。ミドハト・パシャは大宰相として憲法草案の作成を継続した。憲法制定にあたっては、宮廷代表者との会議や内閣で主としてスルタンの権限についての論議が続いていた。内廷の実力者マフムト・ジェラレッディン・パシャらはスルタンの拒否権を第一一三条として加えることを主張した。一一三条は、オスマン帝国に危害を与える疑いある者を国外に追放する権限をスルタンが保有するという内容であった。これまでの憲法制定に力を注いできた新オスマン人協会のナームク・ケマルやズィヤ・パシャたちは、第一一三条は法治国家の制度として整合しないと主張して、同条の憲法への挿入に反対した。イギリス政府も立憲体制に逆行するものとして反対派を支持した。しかし、イスタンブル会議の開会に間に合うよう制定を急ぐミドハト・パシャは、この条項を挿入することに同意し、一八七六年一二月二三日イスタンブル会議の開催の当日に憲法は公布された。

一八七七年二月五日、ミドハト・パシャはユルドゥズ宮殿に呼び出され、スルタンと会見する直前に大宰相を罷免され、憲法一一三条の適用による身柄の拘束ののち、即刻蒸気船イゼッティン号に乗せられ国外に追放された。国外追放によりヨーロッパ各地を移動した。翌年クレタ島への帰国を許されて、年末にシリア州知事に任命されたが、イスタンブルへの出入りは禁止された。シリアでは多くの公共事業をおこない、トリポリの市内電車を開通させ、さらにドルーズ教徒の反乱を平定した。このような業績は、シリアを中央政府に離反させるものと誤解され、在任二年でアイドゥン（イズミル）州知事に更迭された。アイドゥンにイスタンブルから刺客が送られたとの情報に、生命の危険を感じたミドハト・パシャは、イズミルのフランス領事館へ保護を求めた。三日後、生命の保障が確認されたため領事館を出たが、イスタンブルに連行された。イスタンブル到着後、廃位後急死したアブドュルアジズの暗殺容疑によりユルドゥズ宮殿で裁判にかけられ、死刑判決が下された。しかし、アブドュルハミド二世が出したとされる恩赦で終身刑に減刑され、アラビア半島のタイフに流された。しかし、イスタンブルから送られた刺客により配流地で暗殺された。

❖オスマン憲法の概要

オスマン国家の体制と諸権利の保障　第一条で、オスマン国家の統一性、すなわち国土の分割もしくは、分離をいかなる理由、状態であっても認めないとする。第二条で、首都はイスタンブルに定める。第三条では、オスマン国家のスルタン位および、カリフ位は、伝統に従ってオスマン家の最年長者が継承する。第四条でスルタンはカリフ位を継承していることからイスラム教の保護者であり、同時にオスマン国家臣民の支配者すなわちスルタンである。スルタンの地位は不可侵であり、オスマン家の一族は終身にわたって、身体、財産、社会的地位を保証される。以下の貨幣の鋳造、フトバに支配者として名を読み上げられること、大臣の任命、位階、勲章の授与、特権州に対する特権の授与、外国使節の信任状受領、開戦、講和の宣言、陸海軍の統帥、法の公布、行政体制の整備、恩赦および特赦減刑の決定、国会の召集、新たな選挙のための解散の宣言の諸事項は、神聖にして不可侵のスルタンの権利であると第七条までに定められている。

オスマン国家臣民の権利自由などに関する事項は、第八条から第二六条にわたって、次のように定めてある。オスマン国家のすべての臣民は、オスマン人と称する。オスマン人のすべては、身体的自由を保有し、他者からは侵害されない。個人の自由はあらゆる場面で保障され、何人も法の定めに反しない限りは罰せられることはない。国家の宗教はイスラム教である。オスマン国家において承認されたすべての宗教の信仰は自由である。各宗教共同体へ与えられた宗派の持つ権利は国家によって保護される。出版は法によって保障される。オスマン臣民は法に従って会社を設立することができる。オスマン臣民は、不法行為をおこなう官庁を告発することおよび、不法行為をおこなう官吏を非難する権利を有する。教育は自由におこなうことができる。すべての学校は国家の管理下におかれる。オスマン臣民すべては、宗教宗派の選択を除いて権利義務の点は法の下に平等である。国家の言語はトルコ語である。官吏の任命はその能力と可能性によって決定される。税金は、特別法に従ってすべての臣民にその経済力に応じて徴集される。公共の治安は保持される。住居の安全を保障する。何人も関係の裁判所から別の裁判所へ移行されない。監禁、強制労働、不当な罰は禁止する。法の定めなくして何人も、一アクチェたりとも支払う必要はない。拷問および身体に障害を与えることは明確に禁止する。

行政　サドラザム（大宰相）およびシェイフルイスラム（イスラム最高法官）はスルタンによって任命される。他の閣僚も同様にスルタンの命によって決定する。閣議はサドラザムが議長となり招集され、内政外交について審議する。大臣は各自の官庁における重要事項をサドラザムに具申する。大臣の国政に関する責任は議会に対して持つ。嫌疑のかかった大臣は、ディワン・アリエ（最高法廷）において審議される。職務以外の場面において大臣は他の個人との差は認めない。最高法廷裁判官から有罪の判断を受けた大臣は嫌疑のないことを立証しなければ、大臣職に復することはできない。大臣と庶民院との間に意見の対立が見られたときは、大臣の任免および庶民院の解散はスルタンの決定が優先する。議会の未招集の間、憲法の規定に反しない範囲内で内閣は、臨時法を制定することができる。大臣は両議院に出席でき、両議院では大臣に対して質疑をおこなうことができる。

官僚の任命は、その職務により能力と適性に基づいて決定される。官僚は、法律により罷免の理由が立証されたとき、もしくは自らの辞意があったとき、または国家によりその職務が不要と決定されたとき以外は罷免されることはない。すべての官僚は、その職務に責任を課せられる。官僚は、法に反する命令を与えられたときはその命令に反しても責任を問われない。

国会　国会は、元老院と庶民院の二つの議会からなる。国会は、一一月はじめに開会し、三月はじめに閉会する。開会および閉会は、スルタンの勅令による。スルタンは、国会を上記の期間以前に招集、または期間内に閉会することができる。開会に際して、前後の年度に関する政策について演説をおこなう。国会に議員として選挙されもしくは任命されたものは宣誓をしなければならない。議員は票決および発言に関して責任を問われない。議員は、不信任、憲法に反する行為を行った場合、もしくは懲役、追放のごとき刑罰の判決を受けたことによって議員の地位を失格する。議員は表決を個人として行使し、棄権は認めない。元老院、庶民院の議員を同時に兼ねることはできない。両院は、過半数の議員の要求により非公開とすることができる。

憲法の改正は、内閣と元老院と庶民院の権限である。憲法改正には、大宰相の進言によりスルタンの承認を必要とする。立法については、関係各官庁の説明により、法の提案は国家評議会の権限である。国家評議会から提案された法案を、最初に庶民院に、次いで元老院で審議され決定する。スルタンの勅令によって執行される。庶民院、元老院とも使用言語はトルコ語である。

元老院　元老院議長および議員の定員は庶民院議員の三分の一を超えない範囲でスルタンから直接任命される。元老院議員は、総合的信頼を得ていることが必要であり、国家への寄与が大きく、著名な人物であること。議員の年齢は四〇歳以下ではないことを条件とする。元老院議員の身分は終身である。

元老院は、庶民院から上程された法案、予算案を審議し、これらが宗教的基本、スルタンの制定した法律、自由の諸権利および憲法の規定、国家の統一、国内の治安、祖国の安全、一般的慣習に反する点が見られた場合、意見書を付すこと、もしくは明確な反証、または再審議をするために庶民院へ返送する。審議して可決した法案は大宰相府に送られる。

庶民院 五万人の成年男子に一人の割合で庶民院議員は選出される。選挙は秘密投票である。官僚は庶民院議員にはなれない。三〇歳以下およびトルコ語を解さないものは候補となれない。四年に一度おこなわれる選挙は、国会の開会の一一月から少なくとも四ヶ月以前に始めなければならない。庶民院議員は各々オスマン人に対して責任を負う。選挙人は自身の属する州でのみ選挙権を行使する。議会が解散した日から、少なくとも六ヶ月以内に新たに選挙をおこなう。さまざまな理由により義務を実行できない議員の代わりに新たな議員を選挙することができる。議員は毎年議会に出席するために二万クルシュの給与と五〇〇〇クルシュの旅費が支給される。議院では議長候補として三人を選挙しスルタンはこのうちの一名を議長に任命する。第一副議長、第二副議長も同様にして任命される。議会は原則として公開である。議員の誰もが法に規定された件以外は議会の多数の議決なしでは裁判にかけられない。庶民院は、自らの意思によって法案を上程できる。これ以外に財務、憲法に関する条文に賛成あるいは反対もしくは変更に意思表示することができる。予算は大臣の出席を得て審議した後採決する。

裁判　裁判官は辞職を強制されない。裁判は公開である。何人も裁判において法の保護を受けるため必要と認められる行為を保証される。裁判において告訴された裁判はおこなわなければならない。すべての告訴について裁判をおこなわなければならない。裁判を妨害してはならない。シャリーアに関する告訴は、イスラム法廷で、一般告訴は一般法廷でおこなう。規定された裁判所以外に臨時の裁判所は設置しない。裁判官は給与を受ける官職を兼任できない。刑罰に関する裁判においては、被告の保護のため弁護人をおくことができる。

大審院　大審院は三〇人によって構成される。一〇人は元老院議員、一〇人は国家評議会委員、一〇人は下級裁判所および控訴審裁判所の長官からなり元老院において開催される。大審院は、大臣、下級裁判所の長官および裁判官、またはスルタンに反対の行動、国家を危険にさらす思想をもつ者を裁判する。大審院の決定に対して控訴できない。

財政　税は法に定めたものに限られる。国家予算法は収支を明らかにする法である。予算は議会で逐条審議される。予算の提案は開会に次ぐ日程で議会に上程される。特別法によるものを除いて予算外の支出は認めない。国会が閉会状態の場合臨時の理由による支出の必要性が生じた場合には内閣が責任を持って行使し、国会の開会においてこの件について報告し、スルタンの勅令を持って決する。予算は一年間有効であり、決算は四年以内に国会に報告される。収入の徴収と支払いの担当に任命された官吏を監視するために会計検査院を設置する。会計検査院は終身任期の一二名によって構成される。

地方行政組織　州の行政は、管理地域の広さ、分権業務のために構成される。州、県、郡の庁舎所在地に設置される議会、年に一度州庁所在位置で開催される、州全体議会の議員の選出は法に基づいておこなわれる。ベレディエ（市区町村役場）の業務はイスタンブル、および各関係地域で選出されるベレディエ議会によって管理される。

付属条項　第一一三条、国内に非常事態が発生することが予見される場合政府は、その地域に特別に臨時手段として戒厳令を施行することができる。政府の安全を脅かすとされる人物を、オスマン国家の領域外へ追放する権限は、スルタンのみに限られる。

初等教育は義務である。憲法の各条項は何に寄らず変更もしくは執行をとどめることはできない。憲法の変更は庶民院、元老院議員の三分の二以上でおこなうことができる。法律の解釈に疑問の生じたときは、刑法に関しては控訴裁判所、民法に関するものは国家評議会、憲法に関するものは元老院が担当する。

2　国会の開催

❖国会の招集

　憲法制定直後の庶民院議員選挙は、選挙法が未制定であったため、最初の議員選挙は州など地方議会議員選挙に準拠する方式がとられた。全国を原則として州の単位で二九選挙区に区分し、各選挙区で五万人に一人の割合で議員を選出した。宗教宗派別議会であったことから、各宗教宗派は各選挙区において成年男子、五万人ごとに一人の議員を選出することができた。選挙区は、ボスニア・ヘルツェゴビナ、イシュコドゥラ（アルバニア）、コソヴァ、マナストゥル、サロニカ、ヤンヤ、ドナウ、エディルネ、エーゲ海諸島（ジェザイリ・バフリ・セフィト）、クレタ、イスタンブル（デルサアデット）、ブルサ（ヒュダヴェンディギャル）、アイドゥン、アンカラ、コンヤ、シヴァス、トラブゾン、エルズルム、ヴァン、ディヤルバクル、南東アナトリア（マムルレチュルアジズ）、シリア、アダナ、アレッポ、バグダード、バスラ、ヒジャズ、イェーメン、リビア（トラブルス・ガルプ）の二九区であった。なお、直轄県である自治県のベイルートとレバノン（ジェベリリュバン）はシリア選挙区に入った。

オスマン帝国を形成していたが特権州（自治州）であるルーマニア（エフラク・ボウダン）、セルビア・ベイリッキ、カラダア・ベイリッキ（モンテネグロ）、ブルガリア、ムスル（エジプト）、チュニス、シサム島はオスマン帝国の宗主権下に独立の完全自治国家であり、オスマン政府の行政権が及ばない独立の議会と行政権を持っていたため、庶民院の議員の割り当ては無かった。

庶民院の議員総数は一二〇人の予定であった。イスタンブル選挙区は、中央政府直轄都市であり地方議会が存在しなかったことから、直接選挙が実施された。選挙の実施は、三月はじめに国会の開催を予定したために憲法の制定以前に各州に通達されていた。しかし、開会予定日になっても、議員の三分の二以上がイスタンブルに到着しなかったため、開会は一八七七年三月二〇日に延期された。

元老院議員は、スルタンの任命する終身議員であり、定員は庶民院議員の三分の一を超えないと定められていた。庶民院議員が一二〇人程度であることから、四〇名以下となる計算であったが、アブドュルハミド二世は二六人を任命した。元老院における宗派の比率は定められてはいないことから、任命された元老院議員のうち二一人がイスラム教徒であり、他の宗派か

第一回オスマン帝国議会

ら五人であった。

❖最初の国会の開会

オスマン帝国議会の開会式は、一八七七年三月二〇日ドルマバフチェ宮殿でおこなわれた。トプカプ宮殿から移された玉座が正面に設えられ、左側にはスルタンの命に従う各大臣に続いて元老院議員、庶民院議員、オスマン宗主権下の元首たち、国家評議会委員、司法省官僚、そして右側には自由身分のシェイフルイスラムやカーディなどのイスラム法官が、そして文民高官、さらに背後には将軍たちが控えた。前方には、イスタンブルに駐在する各国の外交使節が並んだ。スルタン、アブドュルハミド二世の玉座の左には、皇太弟レシット・エフェンディ（のちのメフメト五世）、後継者である弟のケマレッティン・エフェンディ（一八四七〜一九〇五）が並んだ。国会の諸権利を規定した憲法の制定に尽力したミドハト・パシャは、すでに大宰相の地位になく国外に追放されていた。アブドュルハミド二世は、国会の開会を告げる勅令をスルタン府の書記官長サイト・パシャに朗読させた。

タンジマート改革のギュルハネ勅令は、西欧諸国に対してオスマン帝国が近代化を推し進めていることを明らかにすることであったため、トプカプ宮殿のギュルハネ庭園で各外交使節に対して読み上げられた。オスマン帝国の憲法の制定の発表は、イスタンブル会議に対するオスマン帝国の改革を示す目的もあり、会議の開会に合わせて制定された。しかし憲法自体はオスマン臣民へ向けたものであったことから、外国の使節にたいする直接公表はなかった。しかし、国会の開設は外国使節を意識したものとなり、イスタンブル駐在の外交使節を招待し、オスマン帝国の近代的国会の設置を表明した。

国会は庶民院と元老院によって構成されていたが、スルタンの任命議員の元老院に対して、各州から選出された代議士によって構成される庶民院は、代議士の出身地方の意見を取り上げることが可能であった。しかし、最初に召集された議会は、政府提出の予算や法案を審議する機関としての役割で終わった。第一期の議会は、規定の期日より一〇日延期されて、一八七七年六月二八日に終了した。

3　オスマン＝ロシア戦争（九三年戦争）

❖九三年戦争

一八七六年一二月のイスタンブル会議の開会に当たって、オスマン帝国は憲法を制定し、近代国家として、列強の要求したキリスト教徒保護を含め、帝国臣民の自由と平等を宣言した。これはイスタンブル会議の開催にあたって列強が要求した項目への回答でもあった。大宰相ミドハト・パシャのオスマン政府は、西欧諸国がオスマン帝国憲法の制定を歓迎し、帝国内で近代化改革がおこなわれることを評価するであろうと期待した。しかし、近代的な憲法を持たないロシアの代表は、憲法制定が列強の要求を満たすものではないとし、会議続行を提案して受け入れられた。オスマン政府代表の出席拒否のまま、列強の一方的な改革要求のイスタンブル会議議定書が作成された。オスマン政府がこの議定書による諸要求を拒否したことにより、イスタンブル会議は解散し、ロシアはこれを開戦の口実とした。

オスマン帝国では、国外追放になった前大宰相ミドハト・パシャは開戦も辞さない考えであったが、大宰相イブラヒム・エトヘム・パシャは不戦派であった。しかし、国会の元老院も庶民院も開戦派が多数を占めており、政府中枢の多くも開戦派であった。アブドュルハミド二世は、開戦に対する準備が充分であるか危惧していた。オスマン軍の中枢はロシアとの戦争に反対した。特にセルビア戦線、モンテネグロ戦線の指揮官である第二軍司令官マフムド・エユプ・パシャは、かつてクリミア戦争に従軍した経験をもって強硬に開戦に反対した。

ロシアは、オスマン帝国への宣戦布告にあたって、ツァーは開戦を望み、ツァーの兄弟ニコライ大公も開戦を支持したが、別の兄弟コンスタンティンは開戦の口実が無いと反対した。外務大臣ゴルチャコフ公は、開戦には列強の同意が必要であると主張した。この結果、ロシアの要請により列強はロンドン会議をおこない、オスマン帝国領内のキリスト教徒保護のための改革を要求するロンドン宣言に署名した。この宣言はボスニア・ヘルツェゴビナ、ブルガリア、セルビア、モンテネグロに関するオスマン政府への過酷な改革要求であり、オスマン政府はこれを拒否した。オスマン政府のロンドン宣言拒否によって、ロシアは開戦の条件が整ったとして、オスマン帝国に宣戦布告した。

一八七七年（ルミー暦一二九三年）四月、ロシア軍はオスマン帝国の国境を越え、バルカン半島のドナウ川流域およびコーカサス両面から攻撃を開始し、オスマン=ロシア戦争（九三年

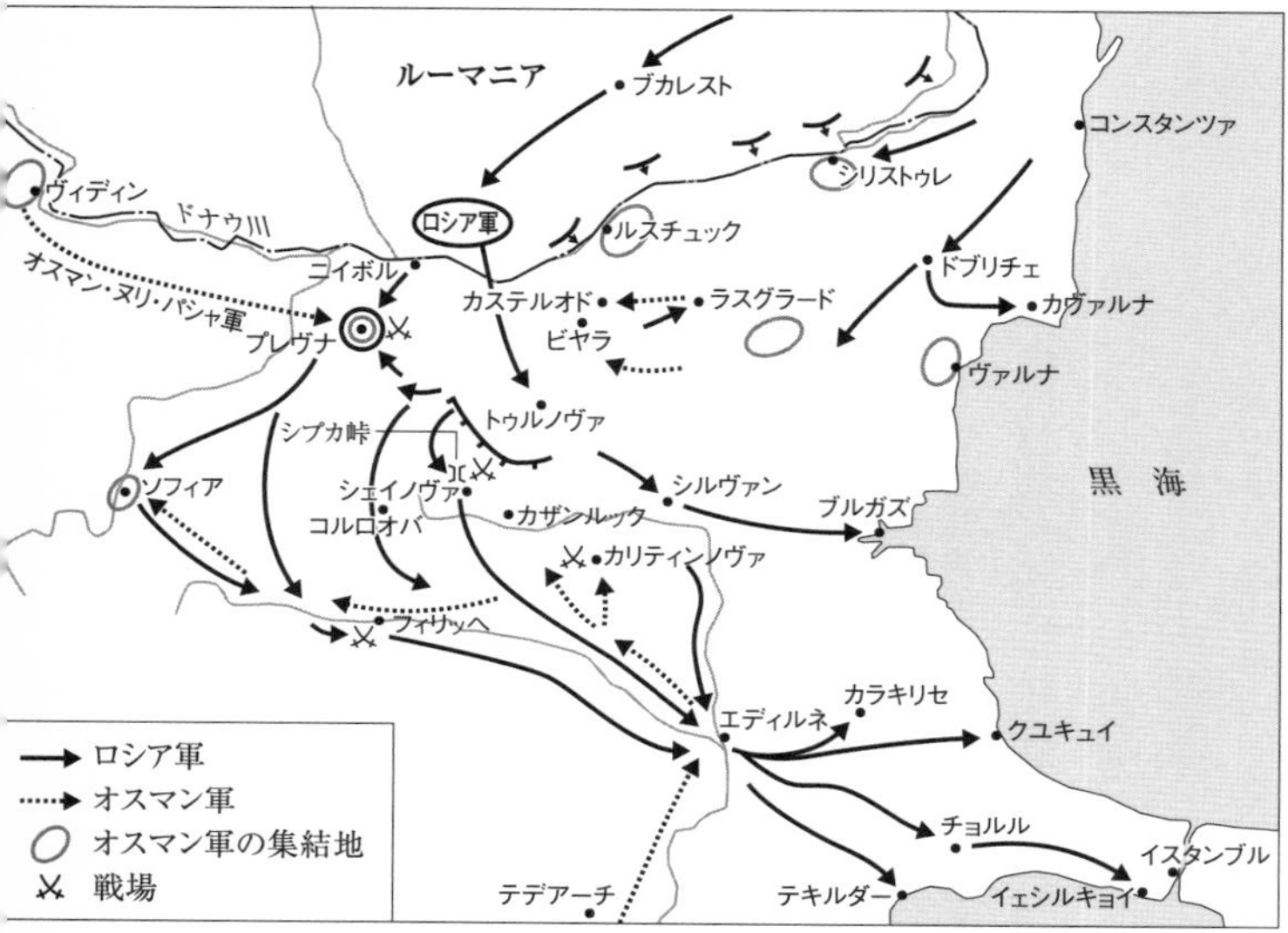

オスマン＝ロシア戦争　ドナウ戦線

戦争）が開始された。バルカン方面では、ロシア軍はガラツィでドナウ川本流を渡河して、ドブルジャ地方を南下し、主力はブルガリアのルスチュック近郊で、ドナウ川をわたりオスマン領内に侵攻した。

ドナウ戦線では、オスマン軍はルスチュック、ヴァルナ周辺にアフメド・エユプ・パシャの東ドナウ軍が、ヴィディンにはオスマン・ヌリ・パシャの西ドナウ軍が、そして両軍の中央にスレイマン・ヒュヌス・パシャのバルカン軍が配されていた。この三個軍をもってルメリー軍を編成し総司令官にチュルパンル・アブドュルケリム・ナディル・パシャが任命された。ロシア軍の総司令官はニコラス・ニコラエヴィッチ大公であったが、前線指揮官はイオシフ・グルコ元帥であった。

ロシア軍は、ルーマニア軍と結び、ドナウ川を砲兵の援護下に渡河し、橋頭《きょうとう》堡《ほ》を確保した。その後、

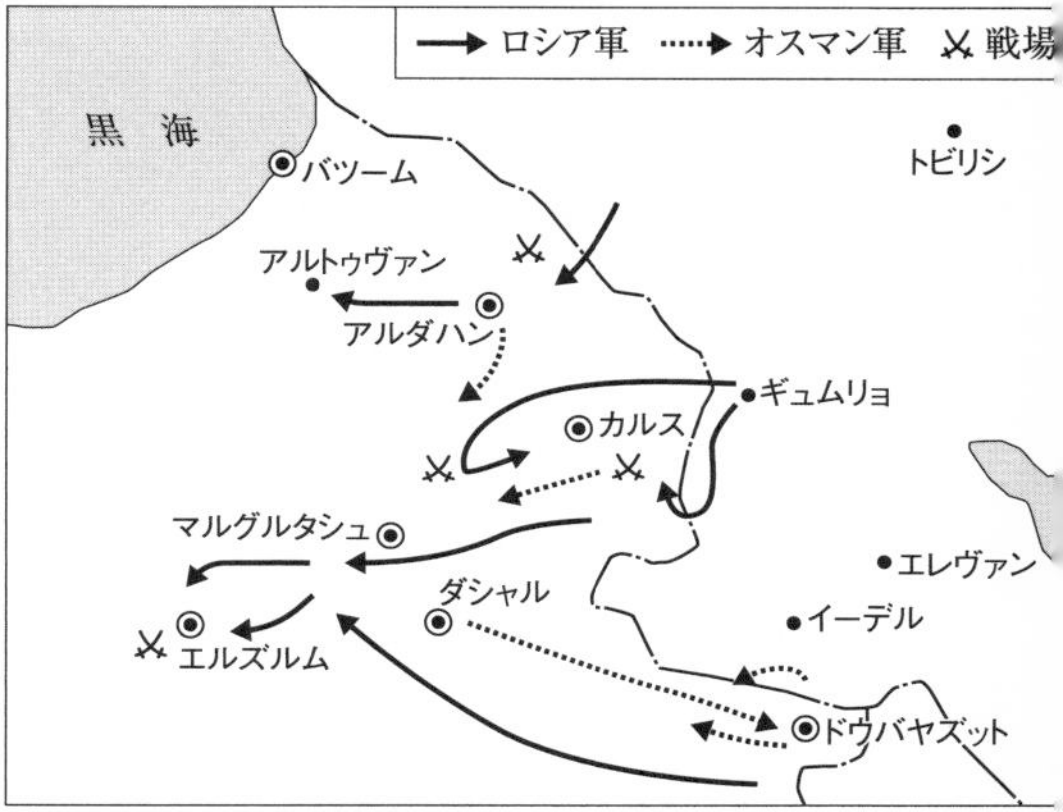

東部アナトリア戦線

ロシア軍はオスマン軍を撃破し、軍を進めズィシトヴィ、ニイボルを占領した。このため、ルメリー方面の総司令官アブドュルケリム・パシャは更迭され、若年で経験不足のメフメト・アリ・パシャが任命された。メフメト・アリ・パシャの作戦はことごとく失敗し、戦況は不利となり前線の将校に不満が増大した。オスマン軍には奮戦する一部の部隊が見られたが、ほとんどの部隊が後退を続ける中で、オスマン・ヌリ・パシャはプレヴナの要塞を拠点として防衛線を構築し、ロシア軍の進撃を阻止した。アフメド・エユプ・パシャとスレイマン・ヒュヌス・パシャの軍が側面からプレヴナ要塞防衛作戦を支援した。この作戦は成功し、ロシア軍に多大な損害を与え、進撃を抑制した。オスマン政府は、総司令官メフメト・アリ・パシャを更迭し、現地の指揮官であるスレイマン・ヒュヌス・パシャを任命した。

ロシアの強硬策にたいして、オスマン帝国の領土保全を基本政策とするイギリスは反発したものの、介入のための条件が少なく、オスマン帝国への消極的同情を示し、ロシア軍のバルカン半島における戦力の移動状態をタイムス紙上に公表した。

プレヴナ防衛戦でオスマン軍は、数次にわたるロシア軍の攻撃を大量の犠牲を与えて撃退し有利に展開した。ロシア軍の作戦指導にあたったのは総司令官ニコラス大公であったが、この包囲戦失敗により実質的指揮権を失った。イギリスでは、プレヴナ防衛戦はオスマン軍の勝利、ロシア軍の敗退と報道した。しかし、ロシア軍のプレヴナ要塞の補給路遮断作戦により要塞のオスマン軍は籠城を余儀なくされた。五ヶ月間の籠城戦の末、一八七七年一〇月プレヴナのオスマン軍は降伏した。ロシア軍はオスマン・パシャ率いるプレヴナ守備軍の勇敢な戦いを称えて、投降したオスマン・パシャ以下の将兵を厚く待遇した。ロシア軍は多大な消耗戦を強いられたプレヴナ戦の後、再び南下を開始した。

オスマン軍はエディルネ防衛に当たった。アブドュルハミド二世はエディルネでロシアとの休戦交渉を命じ、その結果について議会の承認を求めた。議会は承認を拒否し、オスマン政府の失政を非難した。一方、ニコラス大公は、ロシア軍司令部をエディルネに置き、先遣隊はイスタンブル近辺に進んだが、イスタンブル進撃命令を下さなかったため、のち国内から批判を受けた。アブドュルハミド二世は議会を閉鎖し、オスマン政府にロシアとの休戦を命じた。

一八七八年三月イスタンブル郊外のイェシルキョイ（アヤステファノス）において講和条約が締結された。この結果、ルーマニア、セルビア、モンテネグロが完全独立国となった。またブルガリアも公国となり、大ブルガリアと称する黒海とエーゲ海の両方に面する広大な領土を認められた。

しかし、同じ年にバルカンにおけるロシアの利権拡大に反発した西欧列強の介入によりベルリン会議が開催された。ベルリン会議により、ルーマニア、セルビア、モンテネグロの完全独立は承認されたが、広大な領土を一時的に保証されたブルガリアは、ソフィヤ周辺の縮小された領土をもつ自治領とされた。なお、ブルガリアは一九一一年のバルカン戦争で大ブルガリアを復活すべくオスマン帝国からの占領地を独占した。しかし、周囲の国から反発を受けて第二次バルカン戦争が起こされると、ブルガリアは敗北し再び領土は縮小された。ブルガリアはこの経緯から第一次・第二次世界大戦で周辺国とは異なり、ドイツ側に立って参戦した。

❖議会（第二期国会）の閉鎖

オスマン議会の第二期会期は、一八七七年一二月に召集された。開会式には、元老院は三八人の議員が出席し、庶民院の出席議員は九六名で、そのうちムスリムは五六人であり、多くがキリスト教徒の非ムスリムが四〇人を占めていた。オスマン＝ロシア戦争が同年四月開始され、戦況はプレヴナの防衛戦では善戦したものの、議会の開期中には、オスマン軍は敗北を重ね、戦線は後退していた。このため、オスマン政府の作戦指導に民衆は不満を持ち、政府によるオスマン軍の改善を要求するデモが多発した。地方代表の庶民院議員もこれらの民衆の意見を無視することはできず、第二期の議会では第一期とは異なり立法府の役割よりも政府への責任追及が主題となった。

オスマン軍が後退するなかで、アブドュルハミド二世は一八七八年一月エディルネでロシア軍と停戦協定の締結を指示した。オスマン帝国にとって不利な条件の停戦協定であった。これに対して庶民院はスルタンの指示した停戦協定の内容に反対し、戦争の継続を主張した。停戦協定が効力を持つには議会の承認を受ける必要があった。アブドュルハミド二世は、議会の同意を得るため各界の名士四三人を招集して臨時の会議を開いた。両院議長、二名ずつの議員、閣僚、軍司令官などが招集され、アブドュルハミド二世も臨席した。この会議でイスタンブル選出代議士アフメト・エフェンディは戦争が出口のない状態になってからの会議開催を非難した。アブドュルハミド二世は、書記官長サイト・パシャに戦争の経過を説明させ、会議の必要性を主張したが、アフメト・エフェンディは納得せず、政府の対応を追及した。アブドュルハミド二世は、「私は、征服者メフメトの道を歩むしかない」と言って会議を退席した。その後、側近にアフメト・エフェンディの拘束を命じた。アブドュルハミド二世は、議会との交渉は不可能と断じて、同年二月無期限の議会休止を決定した。翌日、庶民院が招集され、アブドュルハミド二世の国会の閉鎖の勅令が読み上げられ、議員は無言のうちに解散した。このスルタンの宣言によって、議会制を規定した第一次立憲制は終了した。議会閉鎖後直ちに、アブドュルハミド二世の政策に反対したイェルサレム選出のユスフ・ズィヤ、アレッポ選出のナフィとマヌク、ベイルート選出アブドュルラヒムとハリル・チャネム、イズミル選出イェニシェヒールザーデ・アフメト・エフェンデ、トメネクシェリザーデ・エミン・エフェンディ、サロニカ選出ムスタファ、エディルネ選出ラシムの各議員がイスタンブルから追放された。

オスマン帝国の混乱が続く中、ロシア軍はイスタンブル郊外まで進攻した。オスマン帝国はロシアとの間にイェシルキョイ（アヤステファノス）で講和条約を締結し、一八七七年に始まったオスマン＝ロシア戦争は終結した。

第二期国会の開会において、アブドュルハミド二世は、「憲法は国家の繁栄のための唯一の手段である。立法・行政で必要とされる国家の高揚と繁栄は、代議士の自由と知識に依存する」と語ったにもかかわらず、会期途中で議会を解散・閉鎖した。

アブドュルハミド二世は憲法の精神を否定し、独裁的な専制政治を開始した。議会は閉鎖されたが、憲法に規定された他の機関は閉鎖されず存続したが、それらは三権分立制に基づく機関ではなくスルタン権力に従属する機関となった。議会は閉鎖され、憲法に規定された自由はことごとく否定された。かくして憲法に基づく体制は終了し、立憲制は終わったとされる。

アブドュルハミド二世の開始した専制政治は、アブドュルアジズの専制政治と同様にイスティブダドと呼ばれる。しかし、アブドュルハミド二世の専制政治には、憲法制定に反対した勢力が再び台頭し、スルタンの直接政治介入を支持した。立憲体制に反対する勢力は、スルタン個人に忠誠を示すことで地位の保全を願うシェイフルイスラム府や高級文官および軍司令官などにも広がっていた。これらのオスマン帝国内にあるアブドュルハミド二世専制待望論に支えられ専制政治は開始した。

立憲体制成立の母体であった新オスマン人運動は、タンジマート官僚を中心とする知識人官僚層を主体とした運動であり、地方へ広がりも少なく、支持層はイスタンブルに限定されていた。憲法の理念がオスマン帝国全体には浸透せず、一部の政府高官内に留まった。これが立憲体制に対してオスマン帝国民全体の支持を得られなかった要因であった。

なお、一九〇八年の青年トルコ人革命によって、アブドュルハミド二世が憲法に基づく議会を召集したことにより、立憲制は復活したので、専制政治以前の最初の立憲体制期を第一次立憲体制、一九〇八年以降トルコ革命までを第二次立憲体制という。

❖ベルリン会議

イギリス政府は、オスマン帝国のキリスト教徒弾圧に反発するイギリス国内の世論を考慮して、ロシアのオスマン帝国への開戦を黙認した。しかし、アヤステファノス講和条約によって、ロシアがバルカン半島で優位となったことにイギリス政府は危機感を持った。イギリス政府はドイツの宰相ビスマルクに、バルカン半島におけるロシアの強大化がドイツおよびオーストリアのゲルマン人のバルカン半島の経済的進出を目指すパン・ゲルマン主義に障害となるであろうと説得して、アヤステファノス条約の内容を改定するために、列強の参加するベルリンでの会議開催を承諾させた。

アヤステファノス条約の変更を求めるベルリン会議の議定書は、アヤステファノス条約の定めたバルカン北部のセルビア、モンテネグロ、ルーマニアの三カ国の完全独立は承認した。大ブルガリアは、ドイツ、オーストリアの庇護下におかれ、ソフィヤ周辺を領地とするオスマン宗主権下の自治公国に格下げし、東部の黒海に面する東ルメリー州をブルガリア自治公国が委任管理することで支配地域は現在のブルガリアの範囲になったが、エーゲ海に面するトラキア地方はマケドニア方面への回廊としてオスマン帝国に返還されることが決定した。ベルリン会議議定書によって、オスマン帝国は領土の完全回復はできなかったが、残された実質的支配地のアルバニア、イェニ・パザール、マケドニアを繋ぐトラキア回廊を確保することができ、これらの地域が飛び地になることが避けられた。イギリスはこの介入の代償としてオスマン帝国からキプロス島の割譲を受け、地中海東部に大きな拠点を確保した。

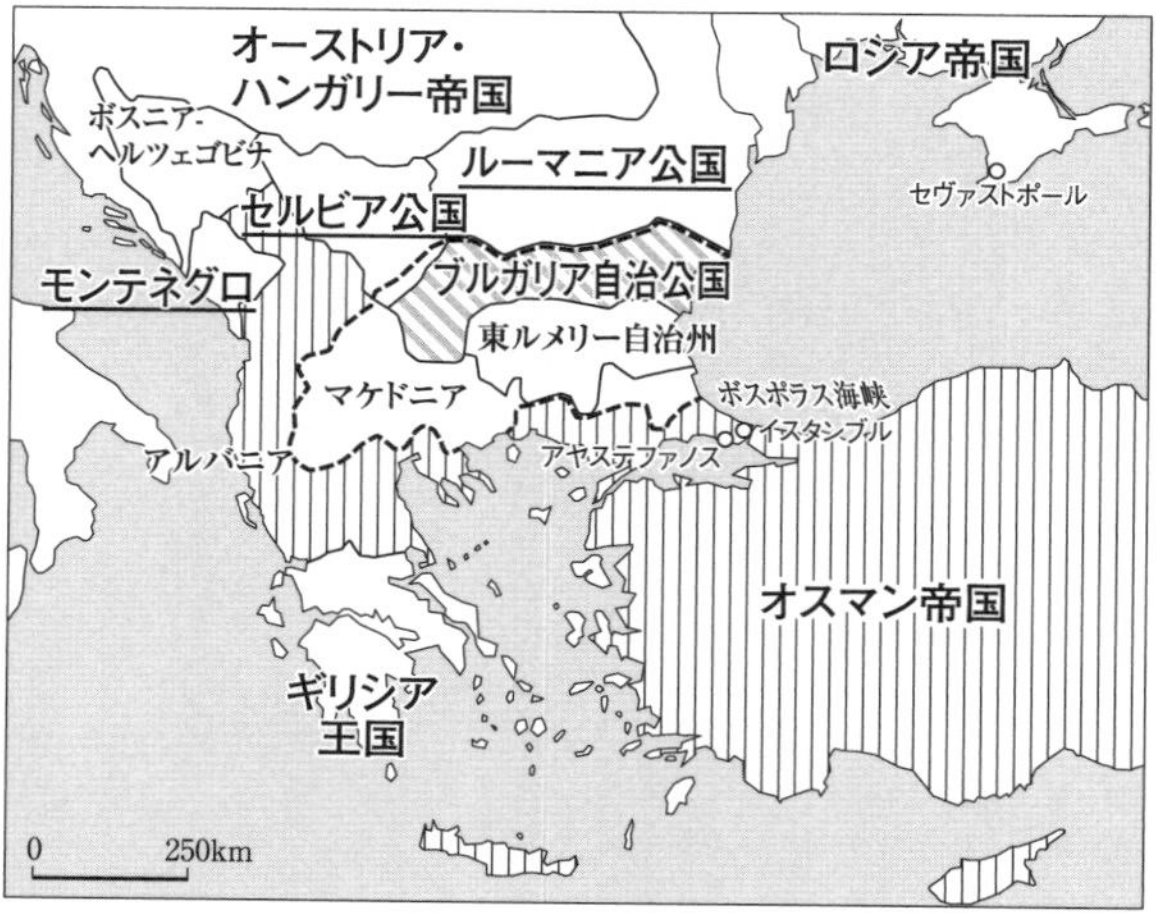

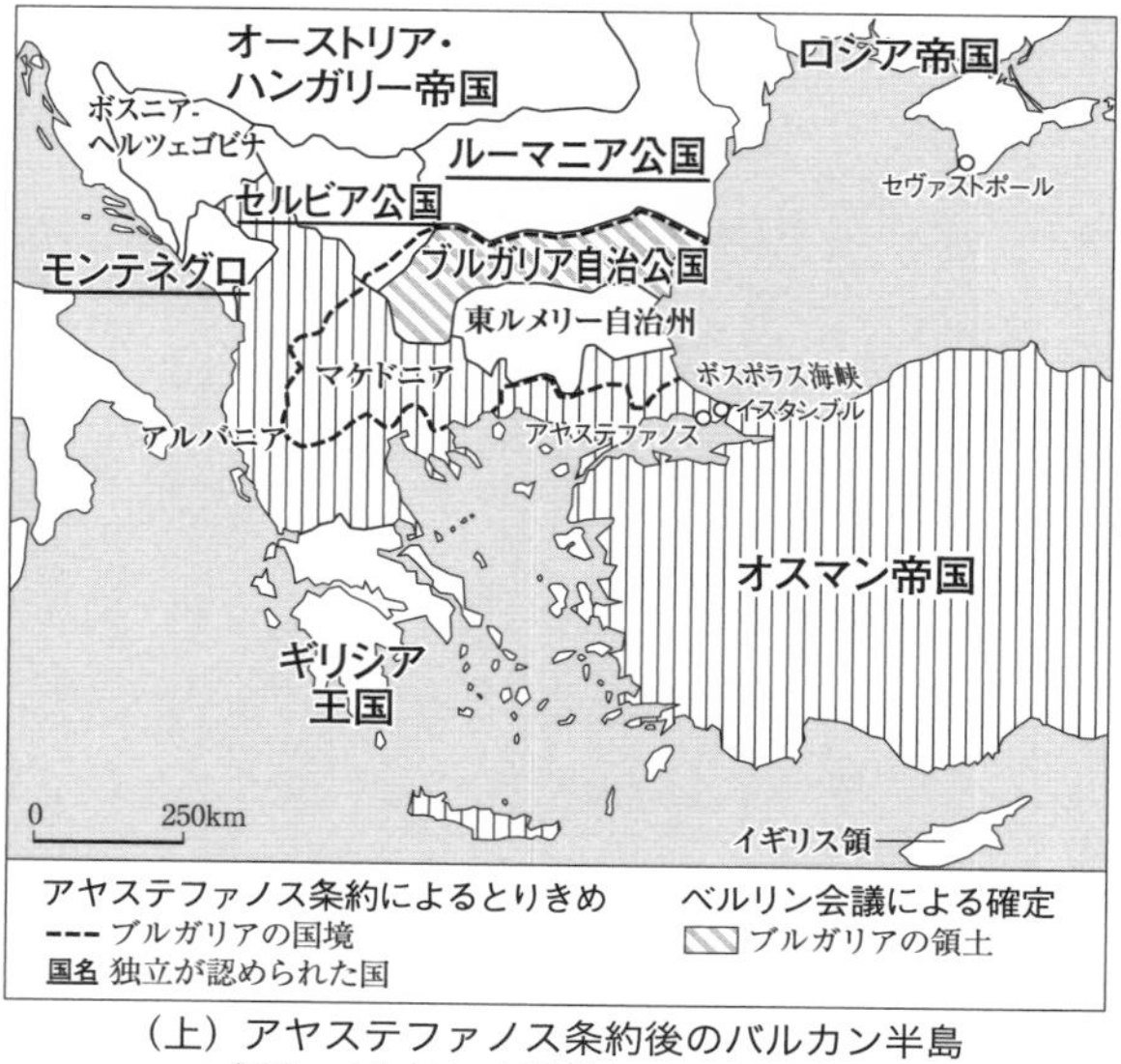

（上）アヤステファノス条約後のバルカン半島
（下）ベルリン会議後のバルカン半島

Ⅳ

アブドュルハミド二世の専制政治

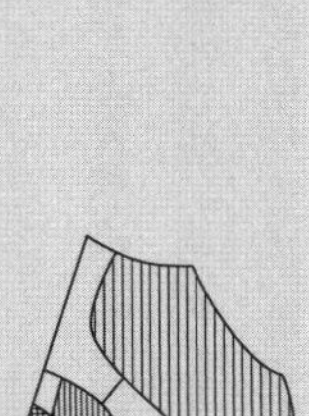

1　専制政治の開始

❖概観

アブドュルハミド二世は、国会の開会式の勅諭に、「オスマン帝国が文明世界に遅れを取った原因は、法と秩序の維持を基本としなかった専制政治である」と述べているが、本意は専制政治の否定ではなく、専制政治が法と秩序に基づくならば肯定的な考えであったと思われる。その考えから、議会を閉鎖した時には廃止とは言わず「休止」の言葉を使い、一九〇八年の「憲法の復活」時に「休止」されていた議会を召集するため、選挙の実施を各州に命令している。彼は、立憲体制は議会のみの休止であって、憲法に基づく機構は存続していたと考えた。しかし、議会の閉鎖は、憲法に基づく諸権利の停止であり、実態は憲法の廃止であった。議会以外の憲法に規定された機関は存続したが、諸権利が否定されて、アブドュルハミド二世の忠誠官僚で編成したスルタン府に従属した。

オスマン帝国の行政府であるバブアリ（最高の門）といわれる大宰相府は、本来スルタンの代理者としてオスマン帝国の行政・軍事の権力を一手に引き受けていたサドラザム（大宰相）の機関であったが、アブドュルハミド二世の専制政治期に大宰相はしばしば交代させられ弱体化してアブドュルハミド二世に従属した。

立憲制以前の大宰相は原則としてスルタンに代わって行政・外交・軍事の大権を握っており、遠征軍など前線の直接指揮も執っていた。しかし、一九世紀初めころには、大宰相の権力は分散され「大宰相の下」、各大臣が行政を担当し、オスマン軍はセルアスケリと呼ばれる軍の最高指揮官が率いていた。

ミドハト・パシャは憲法草案で、大宰相を筆頭大臣バシュヴェキルとし、大臣をヴェキルとして、スルタンは筆頭大臣を任命し、筆頭大臣が大臣を任命する内閣制度の制定を目指したが、受け入れられず、旧来のサドラザムの称号を使用した。立憲制が成立すると、大宰相はスルタンの絶対的代理者ではなく、オスマン帝国政府の筆頭者であった。アブドュルハミド二世は、サドラザムとバシュヴェキルの両方を認めている。アブドュルハミド二世は、在位中大宰相をしばしば更迭して、大宰相個人の力が強大化することを防止したと考えられる。大宰相たちは、スルタンの独断的人事に対抗して外国政府との結びつくことで身分を保証することもあった。キャミル・パシャはイギリスに友好的であり、イギリス政府から最高級の勲章を授与されていた。キャミル・パシャはアブドュルハミド二世との意見の相違により大宰相を罷免され、アイドゥン州知事に左遷された。さらにこの職も罷免され、ロドス島への追放を通告されたため、アイドゥン州の重要港市イズミルにあるイギリス領事館に逃げ込んだことがあった。その結果、イギリス政府の仲介によりイスタンブルに安全に帰還することができたといわれる。ミドハト・パシャも前述したようにイズミルでフランス領事館の保護を求めている。

❖ユルドゥズ宮殿

ユルドゥズ宮殿（口絵②）の基礎はマフムト二世の時代に、ベシクタシュからオルタキョイに掛けての丘に建設された。アブドュルメジドが、一八四四年にこの施設を海岸のチュラアン宮殿と結び付け、新しい離宮や付属施設を建設した。その後、ユルドゥズという寵妃にこの離宮を与えたことから、ユルドゥズ宮殿と名づけられたという。

アブドュルハミド二世は、即位するとそれまでのスルタンと同様にドルマバフチェ宮殿に居住した。長らくスルタンの居所とされたトプカプ宮殿の機能は一八五六年に完成したドルマバフチェ宮殿に移されていたが、宮殿として維持管理されていた。ドルマバフチェ宮殿も高い塀がめぐらせてあったが、公的部分には人が出入りしていた。即位直後のアブドュルハミド二世は、民衆の中に入ることをいとわず、イスタンブル市中のモスクに出かけ礼拝をおこなった。

ドルマバフチェ宮殿

このため、民衆から信仰深いスルタンとの印象を得ていた。

しかし、アブドュルアジズの廃位のクーデタを思い起こし、自身の防衛意識を発揮させてクーデタで重要な役割を海軍が果したことを考慮し、無防備にマルマラ海に接するドルマバフチェ宮殿を引き払った。海岸からまっすぐ上がる道路から少し入ったところに出入り口を持つ、ベシクタシュの丘の上のユルドゥズ宮殿に居所を移した。

アブドュルハミド二世は専制政治を始めると、政治、経済、軍事、財政、教育、外交などに関して、ユルドゥズ宮殿のスルタン府が介在して国家機関にアブドュルハミド二世の指示を出した。大宰相府はじめ国家機関は従来通りの任務にあたっていたが、権限は大幅に縮小された。大宰相はじめすべての中央の高級官僚の選考任命に関与した。また本来は大宰相の任命する地方機関の長である州知事ヴァリ・県長官カイマカムさらに郷長ムタサルフの任命に事前の承認を求めた。たとえば、若い高級文官学校ムルキエの学生が反政府活動をして逮捕され、裁判でこの学生が流刑処分にされたとき、アブドュルハミド二世は自らトラキアの小村の村長のポストが空いていることを承知していて、この学生をこの村長に任じた。

また裁判官や検事の任命にも介入し、裁判自体にもユルドゥズ宮殿が影響力を行使した。軍隊についてもアブドュルハミド二世は、高級将校の昇進や異動にも関与し、部隊の移動はたとえ小規模であってもスルタンの直接命令を必要とした。

外交に関しては、大使の人事にあたってアブドュルハミド二世自身が候補者と面接して直接任命した。そして、大使は外務省への報告とスルタン府への報告を同時におこなうことを命ぜられた。このような報告方法は、すべての機関の長が直属の上部機関への報告と同時にスルタン府への報告を義務付けられていた。

一九〇八年にマケドニアのニヤーズィの武装蜂起時にマナストゥルで、鎮圧にむかった部隊の司令官のシェムシ・パシャが白昼暗殺された件について、スルタン府にマナストゥル管区司令官、マナストゥル州知事、第三軍司令官、マケドニア総督から直接報告がなされている。軍指揮官・地方官僚は、重要事項についてスルタン府への直接報告と同時に上部機関に伝達したことから軍事大臣、内務大臣を経て大宰相に報告され、スルタン府には大宰相、各大臣からも同じ報告が上がっている。

このようにして帝国内の各地の情報がアブドュルハミド二世個人に集中した。アブドュルハミド二世は、一方ですべての臣民からの密告情報（ジャーナル）を受け付けていた。これを読むために、アブドュルハミド二世は深夜まで書斎で過ごしたといわれた。廃位後、ユルドゥズ宮殿には多数の未読も含まれるジャーナルが残されており、ユルドゥズ宮殿を押さえた統一と進歩委員会のメンバーが不利なものは隠滅したが、残余のジャーナルの一部は公表された。

❖ユルドゥズ宮殿の内廷

ユルドゥズ宮殿はスルタンの私的生活区域である内廷と公的業務を担当する外廷に区分されて、高い大きな門によって分けられていた。内廷は私的生活を支援するコーヒー長、たばこ長などが勤務していた。ユルドゥズ宮殿で働くこれらの人たちは、宮殿内部で選考ののち採用されており、内廷で勤務する者の氏名は国家の年報サルナーメには一切現れなかった。アブドュルハミド二世のシェフザーデ（スルタン後継者）時代から長い間私的に仕えていた人たちが多くを占めていた。内廷の奥には黒人宦官長の管理する女性の生活の場であるハーレム部分があった。内廷のスルタン執務室までは、主席および第二書記官、当直マーベインジおよびアブドュルハミド二世の警護隊長などの限定された者のみが立ち入りが許されていた。

ユルドゥズ宮殿には堅固な門が設置され、トルコ語を解しない警備のアルバニア人、アラブ人、クルド人などが厳しく監視していた。外部からの侵入者による事態を危惧していることが理解される。ユルドゥズ宮殿の外的景観は、他の宮殿と大差はないものであり、長くオスマン朝スルタンの居所であったトプカプ宮殿も、ドルマバフチェ宮殿、さらにはチュラアン宮殿も周囲をきわめて高い塀で囲み、外から内部を窺うこともできなかった。

アブドュルハミド二世は、ユルドゥズ宮殿の私的部分である内廷とは別に、外部との接触をする公的業務を担当する部局としてスルタン府を拡大整備して専制政治の拠点とした。この中で、スルタンの勅令の作成を担当する公的部分の重要な地位が官房書記官長であった。アブドュルハミド二世の統治後期にスルタン府の官房書記官長として勤めたタフシン・パシャの回顧録は、ユルドゥズ宮殿の貴重な記録である。

回顧録によれば、タフシン・パシャがユルドゥズ宮殿のスルタン府に着任した経緯は次のようである。前任の官房書記官長であったスレイヤ・パシャが一八九四年一一月亡くなった。当時タフシン・パシャは海軍省文書担当官であった。勤務先でこの報を聞いて帰宅すると、ユルドゥズ宮殿からスルタン府従卒が来て、宮殿に出頭を命ぜられたと伝えた。彼とともに宮殿に向かい二四時間（出頭した翌日の午後まで）待たされた後、アブドュルハミド二世と謁見した。そこで、「優れた仕事をしていることを聞いている、貴官を官房書記長に私の考えで任命した」

との言葉を受けた。私の考えでという意味は、スルタンにのみ忠誠を誓うように示唆したものであり、アブドュルハミド二世は直接任命を強調している。

❖スルタン府（マーベイン）の構造

イギリスの外務省報告書にオスマン帝国の官庁記述順位では、スルタン府が大宰相府より先に記述されているほど、外部から見ても最重要機関であった。書記官長の回顧録によるとスルタン府には、次のように様々な役職や部局があり、そのうちには個人名のついたものもあった。役職にはスルタン府長官（バシュマーベインジ）、書記官長（バシュキャティプ）、スルタン官房（マーベインジ）、書記官（キャティプ）があり、部局として儀典局、軍事評議委員会、スルタン府参謀本部、侍従武官府、イゼット・パシャ室、デルヴィシュ・パシャ室、カムプホフネル・パシャ室、アレクサンドゥル・カラトドリ・パシャ室、ミュテルジム・ニシャン・エフェンディ室、スルタン直属情報局、スルタン府翻訳局である。

マーベイン長官　マーベイン元帥とも記され、スルタン府の長官職の部局であるガージー・オスマン・パシャが任命され、死後はしばらく空席となったが末期にはシャキル・パシャが任命された。特に決められた業務はなく、スルタン個人の相談役的役割があった。その信頼性については、オスマン・パシャの二人の息子は各々アブドュルハミド二世の娘と結婚していることから理解できる。アブドュルハミド二世が金曜日の礼拝に出かけるときに、馬車の向かいの席に座るのが常であった。オスマン・パシャの没後は、馬車の同乗者の役割は、総参謀長あるいはスルタン位後継者のブルハネディン・エフェンディが担当した。

マーベインジ スルタン府官房の構成員であり、第一官房長、第二（副）官房長のもとにスルタンの公的な業務を補佐した。宮殿に来た閣僚や政府高官の、スルタンへの取次ぎもおこなった。勤務は宮殿正門の左に位置する大きな建物であり、二階に正副官房長の部屋があった。二階には、大臣室もあり大宰相や閣僚が使用し、大宰相の主宰する閣議もしばしば開催され、閣僚以外は正副官房長の部屋を控え室として使用した。

書記官長・書記官局 スルタン宛のすべての公式文書は書記官長を通して登録されスルタンに伝達された。書記局には二〇人ほどの書記局員が勤務していた。スルタンの発する勅令等の公文書はすべて書記官長が管理した。このため、昼夜問わず業務にあたり、当直書記も配置されていた。取り扱う内容に高度の秘密性があるため、書記官の人選には注意が払われた。人材確保にあたっては、高等文官学校の最優秀卒業者が毎年スルタン個人の命令で採用された。

軍事評議会・軍事委員会 実際の活動として、一八八七年のオスマン＝ギリシア戦争時にユルドゥズ宮殿で軍事評議会が開催され作戦指導がおこなわれた。委員長にはスルタン、副官にガージー・オスマン・パシャが就いた。作戦参謀には四三名の参謀が任命された。軍事委員会は、総参謀長の下に、元帥エドヘン・パシャ、元帥オメル・ルシュド・パシャ、元帥シャキル・パシャそして、大将メフメト・シャキル・パシャで構成され、参謀本部から提出された作戦計画の事項について検討を加えスルタンに上申した。

スルタン府参謀部　この部局はバルカン諸国の軍事状況の分析とそれによる対策を検討する部局である。しばしば、この部局は、軍制改革についてもスルタンに報告書を提出している。

スルタン直轄情報局　スルタン直轄の部局に私的文書部局がある。州や大使館からの公式文書は書記官長において処理されるが、別にスルタンあてのジャーナルや密告などの私的文書は、公文書とは別にスルタンに直接送付されスルタン個人が管理し処理するために、スルタン個人宛の文書はこの私的文書部局で処理される。このほかに、スルタン直属の情報活動をおこなうハフィエと呼ばれるスパイも所属するとされている。

デルヴィシュ・パシャ部局　アルバニア人といわれるデルヴィシュ・パシャは、ブルガリア北方のロヴェチ（トルコ語でロフチャ）で生まれた。近年ではアブドュルハミド二世期の最高の軍人であったとの評価もあるが、必ずしも妥当とは言えない。スルタンの信頼を受けており、アルバニアとモンテネグロの国境問題にオスマン側に有利な処理をおこなった。一八七七年のオスマン=ロシア戦争においてコーカサス戦線にあって、よく戦ったが、東部アナトリアの多くの地を失った。さらに、エジプトにおけるオラービーの反乱に当たって、イギリスとの交渉に失敗し結局イギリスのエジプト占領を認めることになってしまった。
アブドュルハミド二世は、アルバニア人を重用しており、信頼できる人たちであると考えていた。アブドュルハミド二世もアルバニア語を話し、スルタン親衛隊の隊長にはアルバニア人のターヒル・パシャを任命している。

カムプホフネル・パシャ部局　ドイツ名ルイス・カムプホフネルは一八四三年シュレスヴィヒに生まれ、陸軍士官学校を卒業しプロイセン陸軍に入った。一八八二年アブドュルハミド二世がオスマン軍の近代化改革のためにドイツから招聘した四名の軍事顧問団の一員として大尉の階級でオスマン帝国に来た。顧問団長が一八八五年にフォン・ゴルツに変わったが、継続してアブドュルハミド二世の側近として勤務した。一九〇五年にはオスマン軍の元帥の地位を与えられ、パシャの称号を得た。アブドュルハミド二世は軍制改革の大権を与えるために侍従武官の称号を与えた。軍制改革に必要な事項についてスルタンに随時進言していた。しかし、彼の軍装がきらびやかであったことからその挙動に大衆の注目がいったので、彼は自らの行動を制限して活動は不十分であった。アブドュルハミド二世の廃位に伴い、一九〇九年オスマン軍の任務と地位から離れ、帰国してドイツ参謀本部に入り中将まで昇進した。

カラトドリ・パシャ部局　ベルリン会議のオスマン帝国全権代表として出席した外務大臣であるアレクサンドゥル・カラトドリ・パシャ（ギリシア名：アレクサンドロス・カラテオドリス）

は、アブドュルハミド二世の信頼を得て外交面での相談をうけ、外交事項に関する意見を上申し、また、フランス語の重要文書の翻訳を担当した。彼は一八三三年イスタンブル生まれのギリシア正教徒であった。父親はブカレスト大使を務めた外交官であった。母親はビザンツ帝国崩壊後、フェネル地区に居住したビザンツ貴族マヴロコルダトス一族のアレクサンドロスの娘であった。彼は外交官育成教育を受けるため、翻訳局で言語を学んだのち、パリに留学して、法学博士の学位を取った。帰国して閣僚となり商務大臣、外務大臣を経てローマ大使となった。一八七八年のオスマン＝ロシア戦争終結によるアヤステファノスにおける講和交渉のオスマン政府代表となり、条約の調印にあたった。その後元老院議員に任命され、パシャの地位を得た。同時に短期間であるが運輸大臣も務めた。さらにアヤステファノス条約にイギリス、オーストリア、プロイセンが異議を唱え、開催されたベルリン会議にもオスマン政府代表として参加した。ベルリン会議議定書ではロシアの保護下に置かれたブルガリア公国の領土は縮小された一方でオスマン帝国領は戦争前と比べて大幅に縮小されたがカラトドリ・パシャはこれを容認して議定書に調印した。オスマン帝国領土の回復が不十分であったにもかかわらず、アブドュルハミド二世は交渉の実績を評価して、彼を外務大臣に任命した。カラトドリ・パシャはこの職を一八七九年まで続け、オスマン政府の外交を担当した。一八八五年から九四年までシサム島のベイ職にあり、その後ベルリン会議当時に次いで二度目のクレタ知事になった。一九〇六年に死去している。

ニシャン・エフェンディ部局　ユルドゥズ宮殿でニシャン・エフェンディと呼ばれていたアルメニア人の部局である。彼は、大宰相府で勤務していたが、ユルドゥズ宮殿に転属した。トルコ語とフランス語に堪能であり、毎日ヨーロッパの新聞を読んで、アブドュルハミド二世に参考となる記事を翻訳し提出した。この業務のほか、諜報機関からの密告文書を翻訳し、スルタンに提出することも毎日の業務であった。ニシャン・エフェンディの死後、この業務は弟のセフェル・エフェンディに継承された。

マーベイン翻訳局　ユルドゥズ宮殿にあるこの翻訳の部局は、アブドュルハミド二世のために小説を翻訳することが主たる任務となっていた。娘のアイシェが述べている読み聞かせの西洋小説は、ここで翻訳された。大宰相となったハック・パシャも所属した。

このようにスルタンの側近を見ると理解できるように、イスラム宗教関係者が宮殿の行政担当の側近にはほとんど見られない。カラトドリ・パシャや、ニシャン・エフェンディのような非イスラム教徒が側近として重用されていた。また、財務ではスルタンの個人的財務をつかさどる、国庫のデヴレト・ハジネシに対応するハス・ハジネシの長官は、やはりアルメニア人のアゴプ・パシャが任命されていた。このように、イスラムの宗教色はユルドゥズ宮殿では濃く

ハミディエ・モスク

なく、ムスリム以外の人たちも役職に応じて重用されていた。
アブドュルハミド二世は、イスラム法執行の最高権威者であるシェイフルイスラムに、信頼するジェマレッディン・エフェンディを任命した。彼は、スルタンの意向に忠実な態度で宗務庁を管理した。このため、行政にイスラム法官の意向が強く出ることは少なかった。このことからもアブドュルハミド二世のイスラム主義的政策はあまり表には表れず、近代化を志向する西欧文物の導入を許容していたと考える。しかし、カリフの称号を持つアブドュルハミド二世は、民衆に向けては敬虔なイスラム教徒として活動した。ユルドゥズ宮殿の門の前にはアブドュルハミド二世の名を冠したハミディエ・モスクが建てられている。ラマザンには由緒あるスレイマニエ・モスクでの礼拝もおこなった。

❖ユルドゥズ宮殿の警備

アブドュルハミド二世は、ユルドゥズ宮殿一帯はひとつの都市であると述べているほどの規模でスルタン付属の諸機関があった。ここに居住する人たちは一万二〇〇〇人に上り、うち七〇〇〇人は宮殿警備の兵士であった。宮殿内に居住する家族にも宮殿の台所で調理された食事が配給されていた。

一九世紀以降スルタンは、首都軍である第一軍に所属する第一師団を宮殿の対岸のアジア側にあるセリミエ兵営に駐屯させていた。しかし、アブドュルハミド二世はアブドュルアジズがクーデタによって廃位されたことを考慮して、直属の部隊の第二師団を編成し、自らの身辺警護にあたらせた。

第二師団はユルドゥズ宮殿に司令部を置き、主としてタシュクシュラ兵営に駐屯する連隊で構成されていたが、各連隊は大隊規模の定員であり、管轄下のベシュクタシュ、ガラタ、キャートハネなどに分駐所を置いた。師団の兵士は、アルバニアの山岳地帯のアルバニア人やバグダード、バスラ、シリア、レバノンなどの遊牧民であるベトウィンなどからなっていた。選抜の要件は、イスタンブル住民に惑わせられないようにトルコ語を解さないことであった。これらの兵士に対して正規軍の元帥であっても命令を下すことはできなかった。立憲制が復活すると、イスタンブルの新興勢力の統一と進歩委員会を警護するために狙撃大隊がサロニカから送り込まれ、第二師団は不用となり、兵士は故郷に送還させられた。

そのほかアブドュルハミド二世の警護に当たるトゥフェッキチ小銃隊と呼ばれる一五〇人の

アルバニア人で編成される親衛隊があり、隊長は石工から元帥に昇進したターヒル・パシャであった。親衛隊は軍曹、伍長各一名、兵士四名の単位で宮殿の門で衛兵勤務にあたった。各門を通過する者の名前はすべてターヒル・パシャから、アブドュルハミド二世に報告された。

アブドュルハミド二世の身近に配されたこれらの部隊は、イスタンブルの一般社会と断絶した生活をさせて、スルタンのみに忠誠を示す者たちであった。彼らは、アブドュルハミド二世と信頼関係にあるアルバニア人のデレベイやクルド人やトルコメンの族長などが徴集した若者であった。このためデレベイや族長の支配地域では、徴兵や軍役負担の免除特権が与えられ、政府の支配から分離したアブドュルハミド二世直轄の地域といえる。オスマン帝国末期のアルバニアやクルド地域のムスリムの独立運動の多くは、これらオスマン政府の直接支配を受けない地方有力者によって推進された。

また、東部アナトリアの遊牧民有力者の子弟を、イスタンブルに特設した軍官学校に入学させハミディエ連隊を創設し近代的軍事教育を施して、帰郷後はスルタンに忠実な地域指導者としようとしたが、成果はなかった。

このような非トルコ人重用の中で、アブドュルハミド二世はトルコ人の民族性強調のために、オスマン朝の発祥地ソユトの名前を冠したソユト中隊と名付けた二〇〇人のトルコ人の若者で構成された象徴的親衛隊も編成した。

❖スルタン財務庫

アブドュルハミド二世は、専制政治を遂行する中枢であったスルタン府を維持していくため、スルタンの私的な歳出をおこなう機関であったスルタン財務庫の強化をはかった。専制政治を進めるにあたって、財務庫がスルタン府における人材確保などに必要な莫大な費用などの財政的基盤の充実を担当した。

オスマン帝国の国庫は疲弊しており、一八八一年には債務超過により徴税体制の一部が、列強によって構成された債務管理委員会にゆだねられた。アブドュルハミド二世はスルタン府維持の財源を国庫に頼ることはできなかった。

スルタン府の専任勤務員以外は各機関から派遣されており、給与は各々の所属機関から受けていた。アブドュルハミド二世は、彼らのスルタンへの忠誠を強化するために特権的地位を保障し、侍従の称号授与やスルタンの私的財源から割り増し給与を支給した。スルタンからの給与の支給で忠誠を求めた伝統はイェニチェリにある。

特別給与の支払いなどスルタンの莫大な活動資金のための財源を確保する重要な機関であったスルタン府財務庫の原型は、アブドュルメジドによって成立したといわれる。彼の即位直後に国家財政が困窮していたため国庫とスルタンの私的財産を明確に分離し、国庫の財源を確保するためにスルタンの私的財産を一部国庫移動して国家財政の充実をはかった。当時のスルタン府財務庫は、造幣局長官の管理下に置かれ、スルタンの所有地、宮殿に関する不動産、エジプトからの税収、宮殿の宝物、五ヶ所の大農場、上記の大農場以外を国庫に編入した代価、およびスルタン位継承者の経費などを管轄していた。次のアブドュルアジズは国家財政の困窮に当たって、宮殿に関する節約令を発して、スルタン府財務庫の四分の一を国庫に編入し、スルタンの経費の国庫からの支出部分の削減に応じた。しかし、この対応策は即位当初だけで、浪費家のアブドュルアジズは、外国からの借款を繰り返し、宮殿の建設など国庫に重大な負担をかける出費を繰り返したため、国家財政は破綻へ向かった。アブドュルハミド二世の前任者ムラト五世は、即位にあたって国庫の財政改革を宣言し、スルタン府財務庫に属する六〇万リラの金貨と石炭鉱山の利権、工場の所有権を国庫に編入した。

アブドュルハミド二世は即位すると、憲法の制定によりスルタンの権限が制限され、スルタン個人の財産へ国家管理が及ぶことを避けるため、スルタン府財務庫を私的な独立の機関とした。責任者は造幣局長官であったが、一九七九年専任の長官にアルメニア人のアゴプ・パシャを任命、スルタン府財務庫長官を大臣職に昇格した。アブドュルハミド二世は、アルメニア人について兵役がなく金持ちが多いが、大臣になったものも多数おり、官吏の三分の一はアルメニア人であり、税務の部局に関してはほとんど完全に彼らの手中にあると述べている。アルメニア人のドュズ一族、ボボズ家、マナス家、ダドヤン家などの有力家系が政権に人材を送り込んでいた。ドュズ家からはホジャ・アゴプ・チェレビが造幣局長となり、他に大審院の裁判官など法曹界に人材を送っていた。また、ボボズ家は造幣局長やアブドュルメジドの会計担当官などを出しており、ハーレムの物品購入官を多数出している。マナス家やダドヤン家は外務省に人材を送っている。このように、アルメニア人はギリシア人とともに、財務、外交に多くの人材を輩出した。

アゴプ・パシャはイスタンブルに生まれ、ガラタのアルメニア教会の会計係、ガラタのキリスト教地区郷長を経て、オスマン銀行に就職した。アブドュルハミド二世がオスマン銀行頭取フォスターにスルタン府財務庫長官に彼の派遣要請を出したが、アゴプがオスマン銀行内の機密事項を担当していたことから、この人事は難航した。しかし、その後アブドュルハミド二世の要求どおり、スルタン財務庫長官に就任した。職務は大臣職であったため、パシャの称号を与えられた。彼は在任中アブドュルハミド二世から有能な財務担当者として評価されている。また、国庫を担当する財務大臣も二回兼任し、複式簿記や小切手による支払いなどを導入し、オスマン帝国の財政機構整備の発展に貢献した。

アゴプ・パシャはスルタン府財務庫を造幣局の付属機関から機構的に独立させるために、ドルマバフチェ宮殿に一一人で構成される運営委員会を設け、実務担当者一〇人のスルタン財産管理局を設立した。所有者のなくなった土地の編入、鉱物資源の採掘権、港湾・埠頭の使用権、船舶就航利権などをスルタン府財務庫に編入した。土地の編入は、ベンガジ州のオリーブ畑、サロニカ州の遊牧夏営地、冬営地、シリア州、バグダード州などが対象となった。また、モスル州やヤンヤ州の石油利権の獲得では、一八八八年、ヤンヤ州セニチェで石油が発見されると、州内で生産される石油の利権をスルタン府財務庫に移行する決定をおこない、一八八九年にはモスル州のスルタン所有地で大量の石油が発見されたことから、ツッゼロマロ地区の二〇本のガス井を含め州内の全生産量の利権をスルタン府財務庫に編入した。そのほか、コンヤ州の水銀、アイドゥン州の水銀、錫《すず》そして染料の利権も入手した。ユーフラテス川のバスラからアレッポにいたる内陸河川航路の利権をイギリスのリンチ兄弟会社に譲渡した。しかし、当時アレッポ州知事であったミドハト・パシャの地元資本にも利権を与えるべきとの上申を受け、オスマン側の蒸気船の運行も許可したが、リンチ兄弟会社の業績は良好であったのに対してオスマン側は低迷した。リンチ兄弟会社は、三・三一事件で失脚した大宰相ヒュセイン・ヒルミ・パシャが再び失脚する収賄事件に関与した。

このようにして、新たにできた産業の利権を確保し外国会社に譲渡することによってスルタン府財務庫は潤沢な財源を確保した。これらの工作に従事したアゴプ・パシャは、馬に乗れないのにもかかわらず、アブドュルハミド二世から下賜された馬に乗って落馬し亡くなった。スルタンの多くの隠し事を知りえた立場が、このような結果になったとも考えられる。後任は一族の中から選任された。

2　国際関係の諸問題・辺境地帯と少数民族

❖フランスのチュニジア併合

チュニジアは、一五七一年セリム二世の時代にオスマン帝国領に編入され、初めはパシャの称号を持つ者によって統治されていたが、イェニチェリが反乱をおこしパシャを追放して、仲間からベイを選出し支配を始め、そのままベイの統治が認められた。一八世紀初めギリシア出身のハサンが統治権を獲得し、オスマン政府の承認を得た。一九世紀初頭には地中海貿易の中心地となり、ヨーロッパ諸国から移住者が増大した。ベルリン会議まではオスマン帝国の宗主権下の一つのベイ（このころは辺境地方支配者の称号としても使用されていた）の支配する自治領ベイリッキであった。

イギリス、フランス、イタリアの領事館がチュニスに設けられ、外国の資本が流入して、鉄道建設、都市ガス、上水道などの部門で事業がはじめられた。一八五九年メフメト・サドゥク・パシャがベイとなったが、外国の全面的な進出により植民地の様相を示すようになった。オスマン政府は、①ベイはオスマン政府に毎年税として貢納金を送ること。②従来通り、礼拝の祈祷文（フトバ）にオスマン朝スルタンの名前を読み上げること。③発行する貨幣にスルタンの花押を打刻すること。④国旗はオスマン帝国と同じ色彩であること。⑤オスマン政府が戦争をおこなったときチュニジアから可能な限りの兵力を派遣するとの勅令を送付した。チュニジアはイスラム世界での国家の独立条件を否定され、オスマン帝国の宗主権下の自治領であると表明したものである。

チェルケス人のハイレッディンは、オスマン政府が任命したチュニジア知事アフメト・パシャに奴隷として買われ、イスタンブルで訓練・教育を受け、さらにヨーロッパで高度の教育を受けた。オスマン政府は、彼に注目してチュニジア知事に任命し、パシャの称号も与えた。彼を利用してチュニジアのオスマン支配を強固にしようとしたが、実質的な支配権を持ったフランスの圧力で失敗した。オスマン＝ロシア戦争開始によってハイレッディン・パシャはチュニジア知事を辞任した。ベルリン会議で、ビスマルクはオスマン政府代表の要求したモンテネグロの一港湾を従来通り確保することを認める代償として、フランスにチュニジア支配権確立を与え、その結果としてアルザス・ロレーヌ地方をフランスが放棄しドイツが併合することを宣言し、イギリスも同意した。対岸のイタリアは不満ではあったが、各国はオスマン政府代表のモンテネグロに関する要求を認めた。この結果一八八一年フランス軍がアルジェリアから越境しチュニジア全土を占領し、チュニジアのベイはフランスの保護下に入った。そして、ビスマルクはアルザス・ロレーヌ地方を併合した。

❖イギリスのエジプト支配確立

イスマイル・パシャ　Alamy 提供

メフメト・アリ朝の五代目イスマイル・パシャは、アブドュルアジズの時代に、ヘディヴの称号を得てエジプトの支配者の地位を確立した。彼は、ヨーロッパ諸国の支援を受けて農業や軽工業などの産業育成に努め、軍の近代化をはかり、南のスーダンを征服し、シリア、イラクを含めたエジプトを核とする大アラブ帝国建設の計画をもっていた。しかし、無計画な外資導入などの近代化政策は破綻し、一八七六年には累積する外国借款の利子の支払いが不可能となったため、列強の債務管理委員会による、国家財政管理を受けた。列強はエジプトへ圧力をかけ、アルメニア人政治家を首班とする内閣を作り、イギリス、フランスから各一名の財務閣僚を任命させた。エジプト財政の歳入はイギリス人に、歳出はフランス人にゆだねられた。これに反発するエジプトの民族主義者は祖国党を結成し、財務を独占し国民に重税を課す外国人による政府に反発して、反政府運動を全土で展開した。

この混乱を鎮静化するため、イスマイル・パシャは列強の債務管理委員会によるエジプト支配を拒否することを決定し、外国人閣僚を罷免して、エジプト人内閣を樹立した。イギリス、フランス両国はこれに反発した。オスマン＝ロシア戦争の講和条約の改定のため列強が開催したベルリン会議で、イギリスとフランスはエジプト問題を議題とならないよう、オスマン帝国の一地方の問題であり、関係するイギリスとフランス二国により解決すべきと宣言した。そして、両国のカイロ駐在領事は、イスマイル・パシャが国外に出て、息子タウフィーク・パシャがヘディヴの地位に就くことを提案した。これに対し、イスマイル・パシャはアブドュルハミド二世に電報を送り、エジプトはオスマン帝国領であり、ヘディヴはアブドュルハミド二世の官僚であるから、外国領事の不当な要求を拒否するよう求めた。オスマン政府は、元チュニスの知事の大宰相ハイレッディン・パシャが、イスマイル・パシャのヘディヴとしての横暴を理由に彼の罷免を支持した。アブドュルハミド二世は、ヘディヴはトルコ人であるからその地位を守るべきとしたが、イスタンブルでオスマン政府の官僚となっているメフメト・アリ・パシャの孫のサイト・ヒルミ・パシャをヘディヴに就任させたいと考え、大宰相の意見に難色を示した。しかし、大宰相は、イスマイル・パシャはトルコ人であると同時に我々と同じムスリムであるから擁護する必要はないと反論した。その結果、アブドュルハミド二世は、タウフィーク・パシャのヘディヴ就任を認め、しかるべき時期に彼を辞任させてサイト・ヒルミ・パシャを当てることを考え、大宰相の意見に同意した。イスマイル・パシャはイスタンブルへの異動の希望も拒否されイタリアに亡命し、イギリス、フランスの支持を受けタウフィーク・パシャがヘディヴに就任した。その後、イスマイル・パシャはイスタンブルに移り、そこで亡くなった。

タウフィーク・パシャの統治は安定するかに見えたが、アブドュルハミド二世がエジプトの直接支配を画策して、イスマイル・パシャに与えたヘディヴの諸特権の剥奪を試みた。しかし、イギリス・フランスの反対にあって、ヘディヴの借款受け入れと軍備拡大の権限のみが停止された。借款については外国の管理下に置かれているので何の効果もなかったが、軍の規模の縮小はエジプト軍に大きな混乱を引き起こした。

エジプト軍の士官の構成はマムルークの伝統を継承するトルコ・チェルケス系と在地のアラブ系からなっていたが、政権に近いトルコ・チェルケス系が優遇されていた。チェルケス系の軍事大臣オスマン・レフィッキは、軍の規模を縮小するためアラブ系士官の退役を強要した。これに反発したアラブ系連隊長アフマド・オラビー大佐が同僚のアラブ系大佐とともに立ち上がり、政府に軍事大臣の罷免を要求した。政府はオラビー大佐を逮捕したが、アラブ系のエジプト軍兵士が蜂起し、彼を奪還した。オラビー大佐はヘディヴに圧力をかけ軍事大臣を罷免させた。しかし、ヘディヴはアラブ系の士官の勢力拡大を恐れ、地方に異動を命じた。オラビーたちは反発し異動を撤回させた。オラビーは軍事次官となった。アブドュルハミド二世はオラビーとヘディヴの対立に介入して、エジプト支配権回復を目指したが、イギリス・フランスの反対で頓挫した。外国支配に反対する民衆を背景とするオラビーたちは民族主義に基づく憲法制定や「エジプト人のエジプト」を要求しタウフィーク・パシャの廃位と外国支配の排除を要求した。

一八八二年、アレキサンドリアでギリシア人高利貸しとアラブ少年との諍《いさか》いが、民衆の大暴動に発展し、ヨーロッパ人の住居や商店が襲撃された。オラビーは軍を動員して暴動を鎮圧した。外国軍の上陸を警戒して、アレキサンドリアの要塞を修復して軍の駐屯地とした。イギリス・フランスは民衆暴動の推移を警戒してアレキサンドリアの沖に艦隊を派遣し、オラビーの要塞修復を戦争準備行為との口実で、要塞を砲撃破壊した。その直後、アレキサンドリア市内に火災が発生した。イギリス軍は暴徒による放火としたが、イギリス軍の砲撃を火災の原因としてエジプト軍はイギリスに攻撃を通告した。ところが、タウフィーク・パシャはイギリス艦隊に保護を求め、オラビーらを「オスマン帝国スルタンへの反逆者」とした。エジプト軍はイギリスの攻撃に対して戦闘準備を整えたが、レセップスの「スエズ運河の中立性は保障されている」との進言を信じて、スエズ方面の防衛線構築を怠ったため、イギリス軍はスエズ方面に上陸し、背後からエジプト軍を攻撃してこれを崩壊させた。オラビーは逮捕され、死刑を宣告されたが、タウフィーク・パシャの恩赦によりセイロン島に流された。オラビーはその後、一九〇一年にヘディヴ、アッバス・ヒルミ・パシャの恩赦で帰国したが、政治には関与せず、カイロで亡くなった。

イギリスはエジプトを軍事占領し、保護国としてほぼ完全な植民地とした。タウフィーク・パシャは、イギリスの管理下でエジプトを統治したが、三九歳で亡くなった。後継のアッバス・ヒルミ・パシャはアブドゥルハミド二世と友好関係を築こうとした。イギリスのエジプト占領に対して、オスマン政府はエジプトにおける諸権利を保持するために交渉を続けた。一八八五年両国は次のような合意に達した。①オスマン、イギリス両政府はエジプトに高等弁務官を派遣する。②両高等弁務官はエジプト軍の整備についてヘディヴに助言を与える。③両高等弁務官はエジプトの行政について必要な改革をおこなう。④両高等弁務官はスーダンにおける治安の維持にヘディヴに助言を与える。⑤両高等弁務官はエジプト国内の安定が図られたのち、政府に報告書を提出し、一定の期間後イギリス軍の撤退のための条約を成立させる作業に入る。

その後、イギリス側からさまざまな条件の変更が提案されたが、アブドゥルハミド二世はいずれも不利であるとして拒否した。最終的にイギリスはエジプトに内外からの危険を処理できる体制が整った時に、イギリス軍は撤退すると表明し、事実上の占領を宣言した。オスマン帝国とイギリスの友好的関係継続は不可能となった。アブドュルハミド二世は、ロシアの圧力に対抗するためのイギリスの援助と支援を断念し、新しい支援国にドイツを選択した。

❖ドイツへの接近

アブドュルハミド二世は、ロシアの圧力によるオスマン＝ロシア戦争に敗北すると、イギリスとの友好関係を保とうとしたが、イギリスとの関係が悪化し、さらに軍事面でフランスの支援を求めたが拒否され、ドイツとの結びつきを強めた。

ドイツのヴィルヘルム一世は、対立するフランスとの関係からロシアやイギリスと友好関係を築くことに腐心していたため、アブドュルハミド二世の軍事顧問団派遣要請にこたえるには二年間の猶予期間を必要とした。

ドイツはオスマン帝国と文化協定を締結、教育分野での交流を開始し、将校教育を引き受けたことから軍事関係にも発展し、一八八二年軍事顧問団の派遣に至った。軍事顧問団にはカムプホフネルやゴルツ将軍などを派遣した。オスマン軍大将のゴルツ・パシャは、一八八五年以降軍事顧問団長になり、軍の装備の革新にクルップの大砲や装備を導入し、オスマン＝ドイツの経済的結びつきも強化された。軍事顧問団はオスマン軍の参謀本部だけでなく政府への影響力を増し、政治面へも介入した。第一次世界大戦中にはアラブ地域においてドイツの中東政策を推進した。トルコ共和国初代大統領になった当時のパレスチナ軍司令官のムスタファ・ケマル・パシャは、ドイツ軍人によるドイツの中東政策の推進の強要をオスマン政府が受け入れていることを批判し、司令官の地位を剥奪されている。

さらにドイツ銀行のイスタンブル支店を開設し、経済的進出も行った。イスタンブル駐在大使ラドヴィッツ伯爵の時代にオスマン・ドイツ関係は極めて密接なものとなった。一方、イギリスがエジプトを、フランスがチュニジアを実質的な植民地として、オスマン帝国と両国は深刻な対立関係になっていた。ドイツはこの機会を利用してオスマン帝国のアナトリアにおけるイスタンブルのハイダルパシャからイズミルへ、イズミルからアンカラへの鉄道敷設権を手に入れた。さらにエスキシェヒールからバグダード、バスラへのいわゆるバグダード鉄道敷設権をも獲得した。

ヴィルヘルム二世はギリシア訪問の機会を利用して、イスタンブルを訪問しアブドュルハミド二世と会見した。ヨーロッパ元首の最初のオスマン帝国の首都訪問であった。一八九〇年オスマン帝国とドイツは通商条約を締結し、ドイツは経済、金融、貿易の面でオスマン帝国内に活動領域を広げ、港ではドイツの商船が寄港しアナトリアの市場に物資を供給した。オスマン帝国各地にドイツ銀行の支店が設立され、ドイツ商館も建設された。さらに、ドイツ人による学校や病院などが開かれ、ドイツは友好的な手段でオスマン帝国内へ勢力を拡大していった。

❖クレタ問題

クレタ島では、ギリシアの独立運動の始まったころからギリシア正教徒のオスマン政府に対して独立を求める反乱が頻発した。オスマン軍による鎮圧が困難であったため、現地を視察した大宰相アリ・パシャは、クレタのギリシア合併を避けるため、一八六八年にクレタの自治権の大幅な拡大を認めた「改革法」を制定したが、反乱は続いた。オスマン帝国がオスマン＝ロシア戦争に敗北すると、これに乗じてクレタのギリシア正教徒は「改革法」の改正を要求した。ロシアのオスマン帝国内のギリシア正教徒問題への一方的な介入を危惧した列強は、ベルリン会議でクレタ問題を議題とし「改革法」を変更して、ロシアの影響力を弱め、住民とともに列強にも有利な改革を求めた。ベルリン会議後、列強がクレタ島の紛争に介入し、一八七八年、「改革法」に代わってハレパ誓約が発表され、クレタは特権州から実質的に自治国家となった。

誓約の内容は、クレタ総督の任期は五年とし、ムスリムもしくはキリスト教徒が任命され副総督はその逆とする。立法府として総督議会を設置し、議員はキリスト教徒四九名、ムスリム三一名計八〇名とする。官吏は在地の者を当てる。ギリシア語、トルコ語を公用語とする。税収の多くの割合をクレタ島で消費する。出版の自由を保障するなどであった。

一八九七年、ギリシアはオスマンに領土割譲とともにクレタ併合を求めて戦争を開始した。ギリシアは敗北したが、列強が介入してクレタはさらに自治権を拡大した。

❖オスマン＝ギリシア戦争

ベルリン会議の議定書を根拠に、ギリシア政府はオスマン帝国に対して、テッサリアとエピルスの割譲を要求し、クレタ問題も交渉項目に加えた。オスマン政府は割譲要求地もクレタ島もギリシアの領土ではないと拒否した。ギリシアは、列強の要求を拒否できず容易に受け入れ、国際的に弱体化したように見えるオスマン帝国に対して、クレタ島の反乱支援を口実にテッサリア、エピルス獲得を目指して、オスマン帝国への攻撃を準備し、満を持してオスマン＝ギリシア戦争を開始した。

一八九七年ギリシア軍はオスマン帝国領のヤンヤに越境進撃した。ヤンヤ守備隊は突然の攻撃に対応できず敗北した。ただちに、ギリシア戦線総司令官エトヘン・パシャ指揮の部隊が出動して、数日でヤンヤ、テッサリアを奪還し、さらに進撃してミロナ峠を突破した。ギリシア軍は、ドメケ（ドメコス）で防御線を構築し、オスマン軍を阻止しようとしたが、突破され、アテネへのオスマン軍の進撃を許した。列強は、即時に介入し、オスマン軍を国境まで後退させた。講和が列強の主導でおこなわれ、オスマン帝国に有利な若干の国境の変更がなされ、ギリシアのオスマン帝国への多額の賠償金支払いが決定した。しかし、賠償金の支払いはなかった。また戦争の原因となったクレタ島には、さらに特別法が公布され、自治権の拡大が認められた。オスマン＝ギリシア戦争は、オスマン帝国の戦勝にもかかわらず、実質的にクレタ島を失い、賠償金の支払いも受けられず、わずかな国境線変更による領土獲得のみで終結した。オスマン帝国に不利な戦後処理は、アブドュルハミド二世の専制政治に対する不満を増加させた。従軍した下級将校・兵士たちの論功行賞はなかった。例えば、青年トルコ人革命の発端を作ったニヤーズィは、この戦いでギリシア軍を撃滅し大量のギリシア兵を捕虜とした。凱旋行事のためこれらの捕虜をイスタンブルに連行したが、凱旋行進の引率は軍高官がおこない、ニヤーズィには何の恩賞もなく、この不満が武装蜂起を行った遠因と回顧録に書いている。

❖アルメニア問題

アルメニア問題は古くは教会問題として存在していたが、民族問題として顕著となったのは、ベルリン会議後、ロシアが東アナトリアで勢力拡大し、近代的ナショナリズムが浸透してから始まった。イスタンブル会議に向けて、ロシアはオスマン帝国にアルメニア人の自立問題の解決を求めた。しかし、アブドュルハミド二世は、アルメニア人問題の処理を遅らせる一方で、クルド人遊牧集団をつかってアルメニア人を弾圧した。アルメニア人の改革派や民族主義派が活動を強め、武装闘争に転換し各地でゲリラ活動を開始した。最初のアルメニア人の蜂起は、一八八七年にマラシュ州のゼイトゥンであった。アルメニア人たちの活動はしだいに組織化され、ヴァンでアルメナカン党が、ジュネーブでヘンチャック党が、一八九〇年にはオスマン帝国内でダシュナク党が結成された。一八九一年にはシイルトに近いサソンでアルメニア人の蜂起が発生した。アブドュルハミド二世は、第四軍司令官メフメド・ゼキ・パシャに、東部アナトリアのクルド人遊牧集団を非正規軍として動員して、第四軍とともにアルメニア人の蜂起鎮圧を命じた。アルメニア人への厳しい鎮圧作戦は西欧諸国の激しい非難を浴び、アブドュルハミド二世を血の弾圧者を意味する「赤いスルタン」と名付けた。

「赤いスルタン」　Alamy 提供

　一八九五年には、イスタンブルの多くのアルメニア人が居住するクムカプで、列強の暗黙の支援を受けたアルメニア人の威示行進がおこなわれた。翌年、ダシュナク党の一団がイスタンブルのオスマン銀行を襲撃し、籠城した。オスマン政府は、イスタンブル駐在の列強の外交団に配慮して、アルメニア人に対する強行策を躊躇《ちゅうちょ》した。列強の領事たちは籠城したアルメニア人の国外への脱出を要求した。

オスマン政府が要求を受け入れ、襲撃犯は外国船に乗って国外へ脱出した。多くの民衆の前で起きた事件へのオスマン政府の軟弱な対応は、イスタンブルのムスリム民衆に動揺を与えた。ムスリム集団によるアルメニア人への襲撃が多発し、市内は大混乱となった。しかし、オスマン政府のムスリムへの強硬な鎮静化工作により、一時的に平静に向かった。

アルメニア人の行動は、アブドュルハミド二世の専制政治に反対して創設された統一と進歩委員会のアルバニア人医師イブラヒム・テモらに大きな影響を与えた。

❖ユダヤ教徒とシオニズム問題

オスマン帝国では、宗教別支配体制が成立しており、原則的に各宗教共同体の首長の下に自治体の運営や徴税が任されていた。イスラム教徒の共同体ウンマのほかに、キリスト教徒の正教会とアルメニア使徒教会の共同体が認められ、ユダヤ教徒もまた一つの共同体を結成していた。キリスト教徒の三位一体説を受容する正教会以外の宗派も正教会共同体に組み込まれ、コプト教会やシリア教会などのカルケドン教条を支持しない宗派はアルメニア使徒教会共同体に組み込まれていた。ユダヤ教徒も各ラビによって教義的には独自の活動をおこなっていたが、オスマン支配体制のもとイスタンブルのラビ長ハハンバシュの下に置かれていた。

オスマン帝国に居住するユダヤ教徒は、イスラエル王国滅亡後のディアスポラ後も中東に居住していたミズラヒームのほかに、レコンキスタの終了にともないイベリア半島から追放されオスマン帝国に流入したユダヤ教徒セファラーディムであった。彼らの多くは、イスタンブルやイズミル、サロニカなどの大都市に居住した。なかでもサロニカは都市人口の五割以上をユダヤ教徒が占めていた。彼らは差別されることなく、帝国内の一員として活動していた。商人としては言うまでもなく、医者などの専門職を占めていた。しかし、共同体成員として特有の服装や衣服の色の指定はあった。多くのエスニックや宗教の多様性を持ったオスマン帝国では、それぞれの集団が他を差別することはなかった。特にユダヤ教徒はオスマン帝国時代からトルコ共和国に至る現在まで、政府と対立関係は存在せず、国内問題とはならなかった。

イェルサレムに居住するユダヤ教徒の数は、一九世紀初頭では、各地からの送金により生活をしていた一万五〇〇〇人程度に過ぎなかった。イェルサレムはもはや中東の商業中心地でなく、ユダヤ教徒が大規模に活躍する場ではなくなっていた。多数のユダヤ教徒が存在するオスマン帝国にあっては、パレスチナへ移住するシオニズムの考え自体が存在しなかった。

キリスト教徒にとってイェルサレムの地は、コンスタンチヌス帝の母太后のヘレンが巡礼した時に聖地として認定され、キリスト教徒が聖墳墓教会などを管理した。一六世紀にスレイマン大帝が、周囲の市壁や岩のドームの壁などを完成させた。また、フランス国王にカトリック教会のイェルサレムのキリスト教関係施設の管理権を与え、西欧のキリスト教徒の巡礼地で

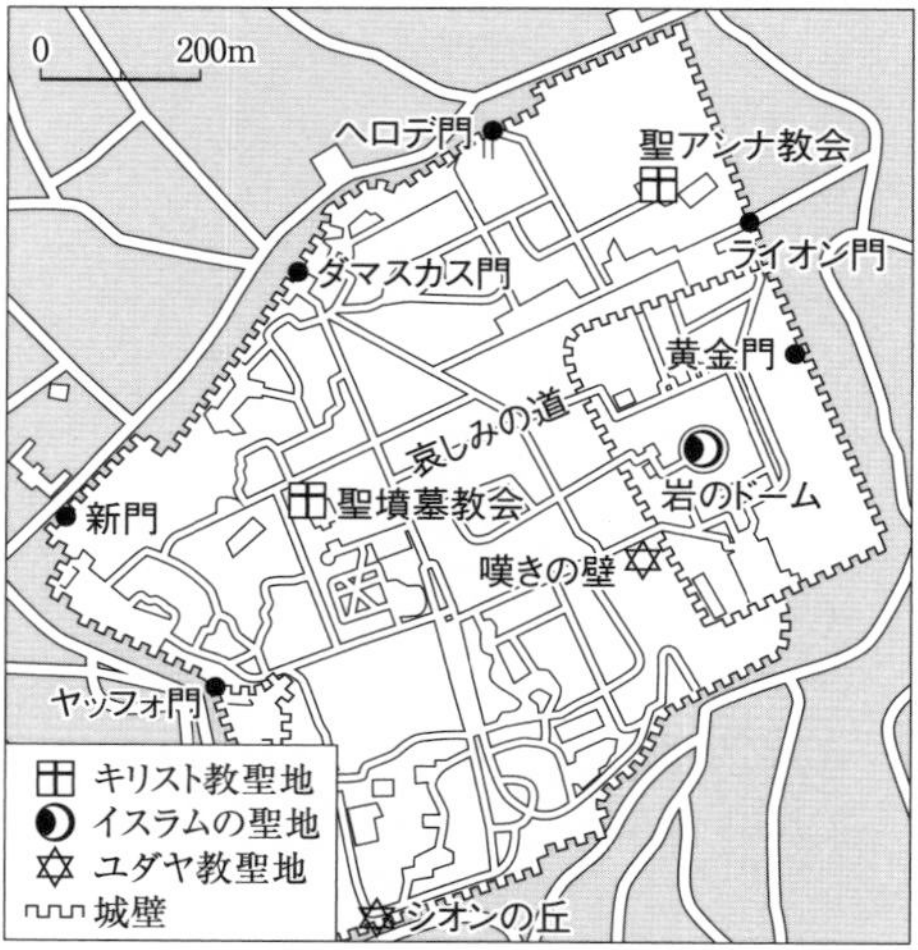

イェルサレム旧市街

あった。フランス革命によりフランスはカトリックを否定したため、イェルサレムの管理権を放棄した。オスマン帝国へ進出を企てるロシアがロシア正教会を擁してイェルサレムの聖地管理権を承認させた。フランスはナポレオン三世の時代に、再び管理権取得を要求し、ロシアと対立した。イェルサレムの聖地管理権問題がクリミア戦争の原因の一つとされることもある。

イギリスがエジプトを事実上の植民地とすると、近接するパレスチナへの注目度が増し、イギリス政府の中東政策に金融的支援をするユダヤ教徒ロスチャイルド家は、この地への関心を示した。ロシアでは、皇帝アレクサンドル二世が暗殺され、すでに一七世紀ころから始まっていたユダヤ教徒への迫害が、急激な激しさを増しポグロムが進行した。ロシアのユダヤ教徒レフ・ピンスケルは、ポグロムを避けるため、数百万人のユダヤ教徒が居住できる一地域を設定して移住を提唱した。このようにポグロムを逃れる移住運動がロシア、ポーランド、リトアニア、ウクライナなどの東欧のユダヤ教徒のあいだに広まった。彼らのうちの比較的豊かな階層はイギリスを経由してアメリカに移住し、一八八二年から一九一四年までの移住者は二五〇万人に上った。しかし、貧困層は家族でアメリカにまで移住する経済力は持っていなかった。「死ぬか、出て行くかどちらかを選択しなければならない」多くの東欧のユダヤ教徒は、レフ・ピンスケルの提唱を受け入れ、ポグロムを避けるため一ヵ所に限定して移住を計画した。彼らの目標は、故郷の地とされるシオンと言われるパレスチナに向けられた。すでに、一部のユダヤ教徒はイェルサレム巡礼と称して、オスマン帝国領内のパレスチナへの移動を開始した。パレスチナの土地は、ほとんどが在地アラブの所有地であり、労働力も十分に彼らで維持しており、ユダヤ教徒の移住は困難であった。元来民族の集団移住は、アレクサンドロスによってアレキサンドリアが先住者のいない地に建設された例に見られるように、先住者のいるところに移住することは少なかった。一八八三年、アブドュルハミド二世はユダヤ教徒のパレスチナ移住を禁止し、イェルサレム巡礼には三ヶ月有効の赤色ビザを発行し、不法残留による定住は認めなかった。

一方、ユダヤ教徒移住に関して近代ナショナリズムの思想を背景としたシオニズムは、ウィーンに在住するユダヤ教徒テオドル・ヘルツルの、弾圧されるユダヤ教徒を救済するためにユダヤ教徒は一民族であり、ゆえに近代国民国家の樹立が必要であるとの主張により開始された。彼の主張はすぐれて政治的であり、各国の政治家との交渉を優先した。その建国の地は、パレスチナでも、アルゼンチンでも、イギリスが提唱したウガンダであってもいいと考えていた。しかし、東欧の貧困ユダヤ教徒にとっては、移住の地はパレスチナでなければならなかった。アルゼンチンもウガンダもきわめて遠かった。その後、両者の考えは合体して、パレスチナへの移住、ユダヤ教徒の国家建設という形のシオニズムとなった。

テオドル・ヘルツル　アフロ提供

アブドュルハミド二世は、ユダヤ教徒のパレスチナ移住がイギリスの強い支援を受けていることに危機感を覚え、パレスチナへの移住を禁止した。ロスチャイルド家はシオニズム思想を利用して、パレスチナで在地のアラブから土地を購入し、東欧のユダヤ教徒移民を労働力とする商業作物生産を計画していた。

テオドル・ヘルツルは、『ユダヤ人国家』を著したのち、紆余曲折ののちパレスチナをユダヤ人国家の建設予定地としてシオニズム計画を推進した。彼は一八九六年、イスタンブルを訪問し、ポーランド人のフィリップ・ネウリンスキーの仲介により、大宰相やオスマン政府高官と会見し、シオニスト運動を説明した。アブドュルハミド二世に申し出書を提出し、パレスチナの地をエジプトやブルガリアのように自治的な管理権を持つユダヤ教徒の自由な活動の地とすることを求め、代償としてオスマン政府の持つ西欧列強からの借款の肩代わりを提案した。しかし、アブドュルハミド二世は領土の分割を認めず、申し出を拒否した。

ヘルツルはその後、一八九八年、一九〇一年、一九〇二年にイスタンブルを訪問し、一九〇一年には、ハンガリー国籍のユダヤ教徒で中央アジア研究家のアルミヌス・ヴァンベリの仲介により、アブドュルハミド二世との会見を実現した。アブドュルハミド二世は、ヘルツルの申し出を即座に拒否したが、オスマン帝国メジディエ三等勲章を与えた。これについてスルタン府官房長タフシン・パシャは回顧録で、ユダヤ教徒国家を建設するためにシオニストが、有名な銀行家ロスチャイルドを後ろ盾として、金曜礼拝の後アブドュルハミド二世と会見し、国際債務委員会の経理問題の処理について説明したと述べている。

オスマン帝国にあって多数の人口を有するサロニカのユダヤ教徒はシオニズム運動には同情的であったが、積極的推進派は少数であった。サロニカでフリーメイソンのマケドニア・リゾルタ・ロッジを創始したエマヌエル・カラスは、国外のシオニストとオスマン政府との交渉を推進し、はじめヘルツルと同じようにアブドュルハミド二世の承認が無ければ、運動の見通しは立たないと考えていた。一九〇一年に、ヘルツルのアブドュルハミド二世との会見に同席したカラスは、シオニストのオスマン国庫への二〇〇〇万フランの寄付の提案に関与した。一九〇四年にもシオニスト代表団に伴ってアブドュルハミド二世との会見に同席している。しかし、両会見ともアブドュルハミド二世の強硬な拒否にあい、カラスはアブドュルハミド二世との交渉によるシオニズムの達成は不可能と判断した。彼はアブドュルハミド二世後を展望し、アブドュルハミド二世の専制政治に反対する運動に協力した。一九〇六年のオスマン自由委員会の結成に協力し、さらに統一と進歩委員会との合併後は、メンバーとなった。カラスは一九〇八年の憲法復活後のサロニカ選出の国会議員となり、統一と進歩委員会内に影響力を持った。一九〇九年カラスは、アブドュルハミド二世廃位の伝達を担当した。

憲法復活後、議会を基盤とする統一と進歩委員会が政府への発言力を増して、一九〇八年末実質的統一と進歩委員会による最初のヒュセイン・ヒルミ・パシャ内閣が成立すると、政府はユダヤ教徒のパレスチナ巡礼赤色ビザを廃止し、さらにユダヤ教徒が土地を購入する権利も保障した。東欧のユダヤ教徒のパレスチナ移住が可能となり、大量の移住が開始された。しかし、オスマン帝国内からの移住者はほとんど無かった。東欧からのユダヤ教徒移住による在地アラブへの圧迫と、シオニズムによる国土分割の危険性が増大したため、一九〇九年、オスマン政府は再び赤色ビザの発行を始め、ユダヤ教徒のパレスチナ移住は制限された。

パレスチナは第一次世界大戦の戦場となり、戦後イギリスの委任統治下に置かれたため、シオニズム運動の当事国はオスマン帝国、トルコ共和国から離れた。

❖均衡政策

「デンゲ・ウズマン」 均衡専門家と称されるアブドュルハミド二世は、外交政策で西欧諸列強を相手に様々な手段を行使して、相互に牽制し合わせ、オスマン帝国への風当たりを和らげていた。彼の治世におけるオスマン帝国を巡る諸列強には、イギリス、フランスを始めとして、オーストリア・ハンガリー、ドイツ、ロシアなどがあげられる。

オーストリア・ハンガリー二重帝国（ハプスブルク家） かつてオスマン帝国の外交に最も重要であったオーストリアのハプスブルク家は、一八六〇年のプロイセンとの戦いに破れ国力は低下したものの、オーストリア・ハンガリー二重帝国の皇帝となって、プロイセンおよびドイツ帝国の後押しを受けて、依然として国境を接するオスマン帝国に大きな影響力を持っていた。ロシアのバルカン半島政策に大きな壁としての存在であった。

ロシア ロシアは、一七世紀から南下政策をもって、オスマン帝国領を蚕食していたが、クリミア戦争に敗北してナポレオン三世の主導したパリ条約を締結し、オスマン帝国への進出の機会は封鎖された。普仏戦争でフランスが敗北しナポレオン三世が失脚するや、ロシアはパリ条約を否定してルーマニアへと進出し、列強の反発を避け、保護国的な自治国の成立を求めた。

アブドュルハミド二世が即位した一八七六年には、ロシアは列強を主導してオスマン帝国のルーマニア、セルビア、モンテネグロ、ブルガリアへの民族運動支援を口実に改革推進を求めるイスタンブル会議を開催させた。オスマン政府は憲法制定で対抗し、ロシアの要求を拒否したため、オスマン=ロシア戦争が翌年開始された。ロシア軍はイスタンブル近郊まで進撃し、アヤステファノス条約を締結した。しかし列強の圧力を受けベルリン会議で、バルカン半島への影響力は後退したが、イスタンブル駐在大使をもってオスマン中央政府に、深く関与し内政への介入を続けた。

フランス フランスのオスマン帝国との関係は、スルタン府官房書記官長タフシン・パシャの回顧録によると、アブドュルハミド二世がキャミル・パシャへ晩餐時に、「フランスの将軍ボナパルトが一七九八年突然にエジプトを侵略した。祖先のセリム三世の時代にフランス政府とは友好関係にあり多くのものがオスマン帝国にもたらされ、両国間にはなんらの問題も存在しなかった。このような両国の状態であったにもかかわらず、ボナパルトは五万人の兵力をアレキサンドリアに上陸させ、抵抗しない我が軍を攻撃し、カイロへ進撃した。当時のフランスが目指していたのはインドではなかった。フランスが直接、重要であり、豊かな地域（エジプト）を占領するため計画された軍事行動であった。」と語っている。

フランスのナポレオン・ボナパルトによる、オスマン帝国が全く予期していなかった友好国からのエジプト侵略であった。エジプトが国際的に重要でありまた豊かな地域であることを十分認識していたにもかかわらず、フランス軍の行動がカイロへ向かって進撃するまでインドへの軍事行動の一環としてアレキサンドリアでの拠点構築程度の認識であった。

アブドュルハミド二世は「これに対して、アフメド・パシャ、大宰相ユスフ・ズィヤ・パシャ、海軍総督キュチュック・ヒュセイン・パシャの果敢な行動により、ボナパルトを撃退した。これらの行動がなければ、フランスはエジプトからシリアへ進撃し、アッカを占領したであろう。」と述べた。さらに続けて現状について「過去のこと、新しいことを考察するとこの両国は、エジプトでも、シリアでも、さらにアラビア半島でも諸問題について考えていかなければならない。」として、現状ではアラビア半島が対象に加えられていることに注目すべきであるとした。「フランスはベイルート、レバノン、シリアにおいてフランスの影響力強化の資金を投入している。学校、病院の建設、医学校の設立などを積極的に実行している。」と、アブドュルハミド二世はフランスの動向について、現状はベイルートを拠点にシリア地方への進出を確認している。アブドュルハミド二世はフランスのシリアからバグダード、アラビア半島への進出を危惧していることが理解される。

ナポレオンのエジプト占領以後、イギリスの攻撃により一時的に後退したが、フランスはエジプトへの進出を続けた。メフメト・アリの政府にフランス人は接近をはかり、レセップスのスエズ運河開削は、フランスがメフメト・アリ政府と友好的な関係にあったことを示している。

一八四〇年のカピチュレーションでは、フランス革命で放棄し、ロシアが譲り受けていたイェルサレムの聖地管理権を復活させた。これがひとつの原因となったクリミア戦争にもフランスは積極的に参加し、ルーマニアの建国などオスマン帝国への干渉を強化していた。普仏戦争敗北により、国際社会での影響力が低下したにもかかわらず、オスマン帝国には依然として大きな影響力を持っていたフランスは、スエズ運河会社の株式買い上げで、主導権をイギリスに奪われたが、エジプトには多くの利権を確保していた。一八八一年フランスのチュニジア占領は、一八三〇年のアルジェリア占領と合わせて北アフリカ支配の確立となったが、同時にオラビーの蜂起鎮圧によって、エジプトがイギリスの保護領化し、イギリスのエジプト支配が確立した。

アブドュルハミド二世はフランスのアラブ地域進出を危惧しているが、当時のアラブ地域への進出の最大勢力はイギリスであった。

イギリス　イギリスはすでに一七世紀ころから中央アナトリアのアンカラに商人を送り込み、アンゴラと名付けられた毛足の長いアンカラ山羊の毛を買い求めていた。その後、イギリスで綿織物が盛んに生産されるようになるとオスマン帝国は輸出市場となった。一方でイギリスは南アナトリアのアダナやエジプトから綿花を輸入していた。しかし、ナポレオンのエジプト一時占領からイギリスのオスマン帝国との関係は増大した。エジプト支配がイギリスにとって大きな課題となった。ひとつにはインドへの交易路の安全確保であった。もうひとつにはオスマン帝国という広大な市場確保と、綿花や小麦の原料や食料を確保するための地であった。

エジプトの独占支配とオスマン帝国の領土保全は相反するものではあったが、この矛盾する二つの問題をいかなる手段で処理するかがイギリスの当面の課題であった。イギリスの支援を受けて建造されたエジプト艦隊は、脆弱な艦隊しか持たないオスマン政府の要請により、ギリシア独立運動鎮圧のため出動したが、イギリス、フランス艦隊に敗北した。エジプトはこの敗北により、一層イギリスとフランスに接近し、オスマン政府からの自立を目指した。イギリスとフランスの支援を受けエジプトは、オスマン政府へ武力をもって圧力をかけた。しかし、オスマン政府がロシアへの支援を求めたため、イギリスはエジプト軍のイスタンブル進撃を止めさせ講和を強要した。

その後ロシアにとって有利なヒュンキャル・イスケレシ条約の有効期限が切れ、一八四一年イギリスの主催するロンドン会議が、オーストリア、ロシア、プロイセン、フランスの参加により開催され、ロシアのオスマン帝国への優位性を保つ戦略は砕かれた。

このロンドン会議でイギリスのオスマン帝国への干渉権が強化された。さらにクリミア戦争は、オスマン帝国を弱体化させイギリス、フランスの内政干渉を恒常化させるものとなった。しかし、フランスは、普仏戦争の敗北で後退し、プロイセンがドイツ帝国として、オーストリアの背後にあってバルカン半島への進出を画策していた。一方ロシアは、バルカン半島の民族運動を支援する口実で、再び干渉を強化していった。このことから、アブドュルハミド二世は各国の要求を受けなければならなかったが、それぞれの対立を利用して、オスマン帝国の保全を確保し、スルタンとしての地位維持が命題であった。

❖エルトゥルル号の日本派遣

アブドュルハミド二世の国際関係に対する考えは、軍艦エルトゥルル号の日本派遣と国内ではヒジャズ鉄道の建設で見ることができる。アブドュルハミド二世の、この二つの政策は一般的にイスラム主義に基づくものとされるが、これは西欧的見方であって、実態は、彼の西欧化政策の一環にほかならない。

西欧やロシアの進出に苦慮するアブドュルハミド二世は、極東の日本が明治維新によって近代化が進行していることに、大きな関心を持っていた。小松宮彰仁《あきひと》親王が日本の皇族として初めてイスタンブルを訪れ、ユルドゥズ宮殿でアブドュルハミド二世と謁見し歓待された。明治天皇は小松宮帰国後、オスマン帝国の歓待に感謝してアブドュルハミド二世に礼状や贈答品を送り、日本の最高勲章「大勲位菊花大綬章」を贈呈した。アブドュルハミド二世は、返礼としてオスマン帝国の最高勲章「イムティヤズ勲章」を明治天皇に伝達すべく、特使の派遣を考えた。一八八九年アブドュルハミド二世は、大宰相のキャミル・パシャに海軍兵学校の卒業生の航海訓練のため練習艦をインド、中国、日本へ航海させるよう命じた。海軍大臣ハサン・ヒュスニュ・パシャは六月までには航海訓練実施の準備を完了できると返答し、海軍委員会を中心に派遣する軍艦の選定や乗組員の構成などの協議を始めた。当時のオスマン艦隊の状態は劣悪であり満足な航海のできる軍艦も不足していた。協議の結果、一八六三年建造のエルトゥルル号が選定された。イスタンブルの海軍工廠で進水した二三四四トンの木造帆船であったが、建造二年後にイギリスに回航され六〇〇馬力の二気筒エンジンを着装し機帆船となった。搭載燃料は石炭三五〇トン、武装は主砲一五センチ・クルップ砲八門を持っていた。一九八九年アブドュルハミド二世は、日本の天皇に贈る贈答品と勲章を練習艦隊司令官が持参し、謁見して手渡すために、司令官には外国語の話せる士官を任命せよとの追加の命令を出した。海軍は、親善使節団長にオスマン海軍のエリート士官であるオスマン海軍大佐を推薦した。彼の祖父はクリミア戦争のときロシア艦隊に襲撃されたシノップ港に停泊していたオスマン艦隊の司令官提督であった。父はバスラ艦隊司令官アフメト・ラフミ・パシャであり、弟はのちの海軍兵学校校長メフメト・レッシト・パシャである。

オスマン大佐は一八五八年にイスタンブルに生まれ、七七年に海軍兵学校卒業、八三年パリ駐在海軍武官、八五年海軍大臣ボズジャアダル・ハサン・パシャの娘と結婚、スルタン侍従武官を拝命、八八年大佐に昇進した。一九八九年エルトゥルル号艦長（親善使節団長として司令

エルトゥルル号

官にあたると思われる）に任命され、日本への航海の途中、提督に昇進しオスマン・パシャとなる。なお、エルトゥルル号の艦長にはテクフルダアル・アリを海軍中佐に昇進させアリ・ベイとして任命し、同様にジェミルも海軍中佐に昇進の上、副長に任命した。使節団には、公式訪問を演出するために、乗組員のほかに二〇名の軍楽隊をともなった海兵隊の儀杖隊を編成して同行させた。

イスタンブルを出港したのは一八八九年七月一四日であった。ダーダネルス海峡を出て、エーゲ海から地中海に入り、さらにスエズ運河の入り口ポートサイドに七月二七日に到着し、直ちに運河に入った。しかし途中夜を明かし、さらになかほどの湖まで進入した時、砂州に乗り上げたがすぐに離礁に成功した。さらに湖を過ぎて運河に入ったところで岩礁に乗り上げ停船した。搭載した荷物を一時的に移して離礁し航行を続け、二九日にスエズに入港した。スエズで修理のため早急にドック入りの必要があったが、さまざまな障害のため修理は進まなかった。エジプトのヘディヴ、タウフィーク・パシャやオスマンのエジプト高等弁務官ガージー・アフメト・ムフタル・パシャの助言や圧力を用いて修理を急がせた結果、九月一一日に修理が終わり出港することができた。

紅海をゆっくり進みジッダには二一日に到着し三日後に出港した。さらに紅海の出口アデンに一〇月七日に到着し、ここでインド洋横断の準備を整え、一一日に出港した。すでにイスタンブルを出てから二か月を過ぎようとしていた。

インド洋を横断して、一〇月二一日ボンベイ（ムンバイ）に到着した。ボンベイでは多くのイスラム教徒が、オスマン帝国の旗を掲げたエルトゥルル号に興味を示し、カリフの使節団が到来したと歓迎した。停泊中に多くのイスラム教徒がエルトゥルル号を訪問した。アブドュルハミド二世が最初の計画にインドを挙げているのは、インドのムスリムがオスマン朝のスルタンをカリフとして認識しているとの考えから出たものであろう。ボンベイのイギリス総督府の高官は不在であったが、駐屯連隊の中佐が対応した。一方、ムスリム有力者が歓迎に加わった。ボンベイに一週間滞在し、一〇月二七日に出港した。ボンベイからインド南端を通過するためにインド洋を南下中の一一月一日ラッカディヴ群島付近で三回目の座礁事故を起こした。離礁したが、損傷は軽微であったことから航海を継続した。インド南端を経由して一一月五日にセイロン島のコロンボに到着した。ここではオスマン帝国の名誉領事の歓迎を受け、セイロン議会のムスリム議員が艦を訪問した。現地のムスリムからはカリフの使者として歓迎を受けた。コロンボに一週間以上も滞在し、一一月一四日に出港した。ベンガル湾を横切って九〇〇カイリ航行して、アチェ岬を回ってマラッカ海峡に入りさらに六〇〇カイリ航海を続けて途中寄港

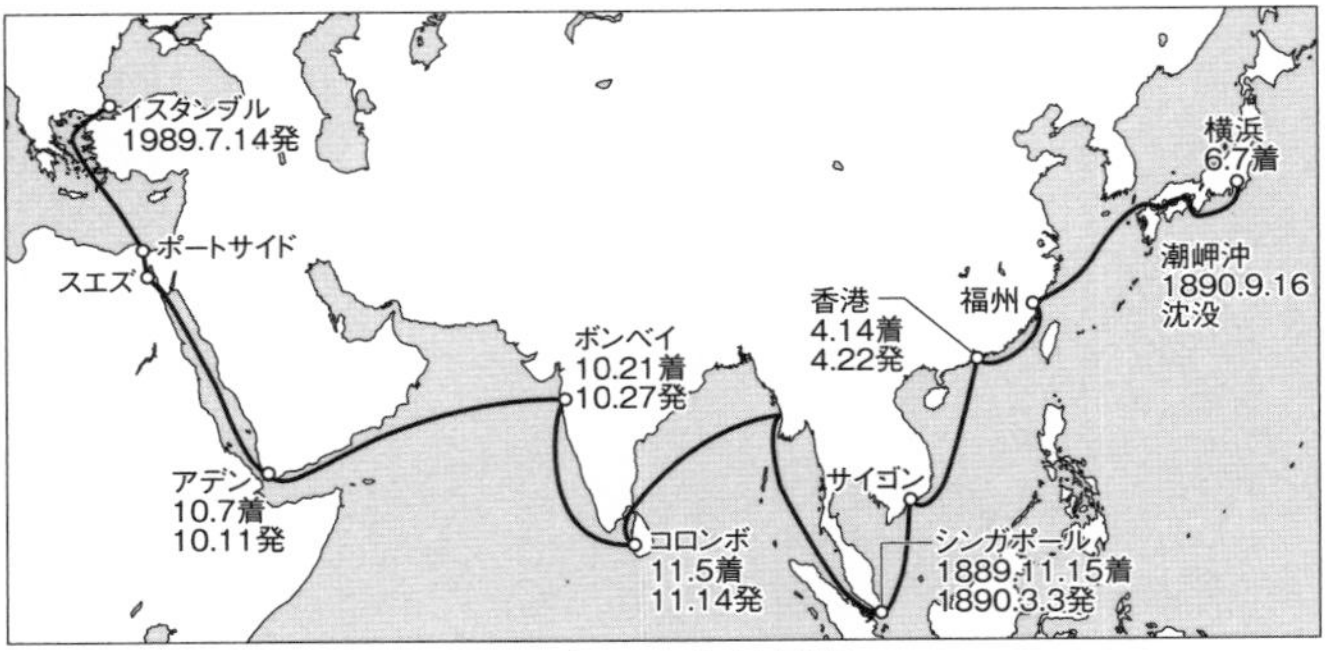

エルトゥルル号航路

せずに一五〇〇カイリを航行して月の三番目の金曜日一八八九年一一月一五日にシンガポールに入港した。

シンガポール発の外国特派員の記事は、スマトラ島やジャワ島のような大きなイスラムの国で生活する民衆は崇高なカリフの派遣したエルトゥルル号のシンガポール来訪を宗教的関心から大いに歓迎したと伝えている。スマトラ島の有力者はシンガポールに停泊中のエルトゥルル号に使節を送り、カリフの崇高な存在に敬意を示し、艦内の武器の様子や兵士の練度の高さに感激した。

これは当時スマトラ島北部のアチェ王国がオランダの進出に対してアチェ戦争（一八七三〜一九〇四）をおこなっていた。エルトゥルル号のこの地への航海およびシンガポールでの滞在は、現地のイスラム教徒の精神を高揚させた。アチェ王国はスルタン、イブラヒム・マンスール・シャーが、アブドュルアジズの統治期にイスタンブルに使節を送り、オランダとの戦いに援助を求めた。しかし、クリミア戦争の影響で支援はならなかった。このような背景から、オスマン帝国の旗を掲げたエルトゥルル号のシンガポール港への来訪に、港に出入りするイスラム教徒は、オスマン帝国さらにカリフへの信頼を深め、力強く思ったであろう。

ユーラシアの東のシンガポールまで航海して来たことに乗組員一行は十分に満足し、シンガポール到着直後、オスマン大佐は「これ以後いかなる行動をとるべきか」という電報をスルタン府に送った。彼らにとっては、老朽軍艦を利用した練習航海としてすでに多大な成果を上げることができたと考えていた。スルタン府の書記官長の文書には、「日本に行く途中のエルトゥルル号は、極東のシンガポールまで航海した。司令官オスマン大佐からの報告を検討した結果、日本訪問を成功させるためには、これから北風の強まる北上をジグザグの航行を続けなければならない。この方法だと速度が落ちて香港までの航海のためには燃料の石炭の消費が多くなり、到着は不可能であろう。このため、南風が吹く六月頃までシンガポールにとどまり、その後日本へ往復すれば最良と考えられるが、長期のシンガポール滞在は膨大な費用がかかってしまうため、いったんイスタンブルに帰還することを命じた」と書かれている。しかし、オスマン大佐はシンガポールにエルトゥルル号を残し、数人の士官とともに外国商船に便乗して日本に行き、一ヵ月後にシンガポールに戻り、北風に乗ってイスタンブルに帰還することを提案した。アブドュルハミド二世は、ヨーロッパの商船で日本への往復は海軍委員会の意見を聞いてから決定すると書記官長を通じて返答した。

海軍委員会は燃料代やその他の費用二〇〇〇イギリス・ポンド金貨を追加送金して、エルトゥルル号で日本に向かうことを決定した。この費用の送金方法として、イスタンブルのアルメニア人銀行家のオハネス・アシヤン・エフェンディに、彼の銀行のロンドン支店からシンガポールのエルトゥルル号の艦長宛に送金を依頼し、送金が完了した時点の為替レートによりオスマン・リラで決済することが両者の間に合意がなされた。これらの作業が完了し、オスマン大佐のもとに追加の航行資金が送付された。

エルトゥルル号は一八九〇年三月三日シンガポールを出港した。インドシナ半島の東側を、針路を北へ向け香港を目指した。しかし、荒天のため行き先を変更して三月一〇日サイゴンに入港した。サイゴンから再び香港を目指して出港したが荒天のため進むことができずサイゴンに引き返した。一〇日間の滞在を経て再出港して四月一四日香港に至ることができた。香港で滞在した後、四月二二日長崎に向けて出港して、安全のため台湾海峡を経由する針路を採った。しかし、海峡を通過後にまた嵐により、少し戻って中国の福州に避難した。福州に一〇日ほど滞在して、再び長崎に向けて出港し、ついに長崎に入港した。

長崎からエルトゥルル号は日本到着の電報を東京に送り、波静かな瀬戸内海を航行して、神戸港に入港した。神戸では宮内省からの歓迎の公電が入っており、親書伝達の公式使節団として、神戸滞在中に長期の航海で損傷した艦の内外を整備して、横浜に向けて出港した。一八九〇年六月七日横浜に入港した。

横浜到着後、使節団は皇室の賓客としての待遇を受け、一行は東京に向かい天皇に拝謁して、アブドュルハミド二世が用意した贈答品や最高勲章を伝達した。日本側から、使節団長に勲章が授与され、天皇主催の晩さん会が催された。これには小松宮殿下夫妻も出席する盛大なものであった。

オスマン政府から、費用の節約のため、短期間の滞在で帰国を求められた。艦の整備や補修をおこなうには厳しい日程で帰国の準備がなされた。さらに残念なことに、当時国際的に蔓延していたコレラにエルトゥルル号の乗員が罹患し、乗組員の間に広がった。横須賀の防疫所において艦の消毒や患者の入院治療がなされ、出港直前に入院患者全員が退院することができ、帰国の準備は完了した。

東京で使節団の任務を終了した一行や防疫所を出た乗組員を載せて、横須賀を出港し、帰国の途に就いた。しかし、太平洋上で台風に遭遇し、艦長は横浜に引き返すことを決定した。しかし、台風の接近を回避することができず、艦は流されて潮岬沖の暗礁に船体を衝突させて、爆発破壊された。乗組員の多くは荒天の海に投げ出され、オスマン・パシャはじめ多数の犠牲者が出た。この事故を知った串本の村民らは、全力を挙げて救助に当たり、村の人や物資をすべて動員して生存者の保護にあたった。

幸運にも救助された乗組員は、六九名であり日本の軍艦金剛、比叡によって無事オスマン帝国に帰還した。当時、外国軍艦はイスタンブルのあるマルマラ海には入域が禁止されていたため、日本の軍艦金剛、比叡はエーゲ海に面したイズミルで、救助されたエルトゥルル号の乗組員を上陸させ、無事本国への送還が達成された。

しかし、イスタンブル入港を拒否した行為は使節団の生存者を送還してくれた日本に対して非礼にあたるとしてオスマン帝国の官民を挙げて政府に抗議した結果、アブドュルハミド二世の命により、金剛、比叡の両艦は特別にダーダネルス海峡を通過してイスタンブルに入港した。両艦の乗組員はアブドュルハミド二世に謁見し、その労をねぎらわれた。イスタンブル滞在中の乗組員は市中の各所で民衆からも大いに歓待された。このエルトゥルル号事件がオスマン帝国の日本との友好の始まりであり、トルコ共和国になってもこの関係は続いた。今日、トルコ人の多くが親日家であることの原点がこのエルトゥルル号事件であると考えられている。エルトゥルル号の事件に関しては小松香織、三沢伸生両氏の詳しい研究がある。

❖ヒジャズ鉄道

植民地獲得競争を繰り広げる列強はシリアからバスラ湾に抜ける交通路、地中海からダマスカス、バグダードを経てインド洋を結ぶ鉄道敷設計画に奔走した。しかし、一八六九年フランスのレセップスが、フランスの民間小規模資本を集めてスエズ運河を開削し、地中海とインド洋を結ぶ鉄道の意義は後退したが、スエズ運河に反対するイギリスにとって鉄道敷設はまだ考慮の対象となっていた。

一八七五年エジプトのヘディヴ、イスマイル・パシャが外債の負担増に耐えかね、スエズ運河会社の株式を四〇〇万ポンドで売却する意向を伝え聞いたイギリス首相ディズレリーは、方針を変更してスエズ運河会社の株を購入し、四四パーセント保有の筆頭株主となった。一八八一年にイギリスはエジプトを保護国化し、スエズ運河の支配を確立した。このような状況の中で、アブドュルハミド二世はシリアから紅海に抜けるヒジャズ鉄道建設を計画した。

アブドュルハミド二世のアラブ地域政策とイギリス　アブドュルハミド二世治世下のアラブ地域ではシリアやメソポタミア以外は政府の管理は緩やかなものであり、部族勢力が特権を持って自治権が容認されていた。イエーメンのイマム、エジプトのヘディヴ、ネジドおよびザフィルのアミール、ジェベリのドルーズ派のレイス、バルザン、マスカットのシェイフおよびクウェートのシェイフたちは、各地で自治的な活動をしていた。アラブ地域をオスマン朝の中央政府が実質的支配をおこなっていなかったのは、広大なオスマン帝国を支配するための基本政策であり、パクス・ロマーナのように広大な領土に外敵が存在していなかった前近代の中東支配には適合した統治政策であった。

アブドュルハミド二世は、アラブ地域での支配権の確立を、列強の中東進出に対抗する手段であり、特にヒジャズ地方を完全な管理下におくことはイスラム世界での指導者としての地位を確立するものと考えた。しかし、エジプトと紅海を隔てて隣接するヒジャズ地方で影響力を強化することは、イギリスを刺激することでもあった。

イギリスは、一八八一年にはエジプトを勢力下に置き、スエズ運河を管理下に入れた。また、イギリスは、バスラ湾に伸びるバグダード鉄道建設を阻止するために、バスラに近い海岸地帯で良港とされるクウェートの確保を計画した。ドイツはバグダード鉄道を想定し、バスラ湾のクウェートを確保することが港湾と鉄道の接点として重要と考えていた。またロシアもダマスカスからクウェートにいたる鉄道敷設を考えていた。

イギリス政府は、バスラ湾を制圧しようと実質的に自立しているクウェートに工作を開始した。イギリスのインド総督は、一八九六年にクーデタにより権力を簒奪《さんだつ》したクウェートのシェイフのムバラクをボンベイに招請し、一八九九年一月秘密協定を締結した。イギリスの許可なしに外国の大使や官僚を受け入れず、理由を問わず領土を一部であろうとも外国に譲り渡さないとの協定に調印させ、代償としてイギリスは援助の確約と一万五〇〇〇ルピー（当時のイギリス金貨一〇〇〇枚相当）を与えた。

一八九八年フランス政府は、オマーンのスルタンからマスカットの七～八キロメートル東南のバンダル・ジュッセで石炭貯蔵庫建設の許可を得た。フランスの国外海軍基地にする計画の一環であった。これに対してイギリス政府は、オマーンのスルタンと一八九一年に締結した協定の、領土の一片も外国に譲り渡さないとの条項を盾に抗議した。そして一九〇〇年初頭、イギリスの軍艦をマスカットに派遣して、スルタンの宮殿に大砲を向けてスルタンを軍艦に呼び出し、協定の全面的遵守を強要し、フランスに与えた特権の破棄を求めた。マスカットはイギリスの要求に屈し、フランスとの関係を放棄してイギリスに従属した。このようにしてイギリスは着実にオスマン帝国のアラブ居住地域周辺を支配下に入れていた。

アブドュルハミド二世と鉄道　アブドュルハミド二世は、鉄道が軍事輸送にきわめて有利なものであることを、一八七八年のオスマン＝ロシア戦争でイスタンブル－フィリペ間の鉄道がオスマン軍の兵員輸送に多大な貢献をしたことから理解していた。この戦争の発端となったボスニアやセルビアのオスマン政府への反乱にたいして、鉄道がなかったため兵員の派遣が遅れ手痛い打撃を受けたことを、スルタンに即位する以前であったが認識している。一八九七年のオスマン＝ギリシア戦争では、イスタンブル－サロニカ、サロニカ－マナストゥル間の鉄道整備が戦勝の要因であったと理解していた。

オスマン帝国の鉄道建設は、アブドュルアジズの時代にルメリーで鉄道敷設がなされた。オスマン政府と仲介者ヒルシュとの間に契約がなされ、「東方鉄道会社」が設立され、この会社によって工事がおこなわれ、イスタンブル－エディルネ、エディルネ－デデアーチ、サロニカースコピエ、スコピエーメトロヴィッチなどの主要路線が建設され、営業された。

アブドュルハミド二世は、鉄道を建設することに国内では充分な資本及び技術が無いとして、外国に敷設利権を与えて建設する政策をとった。しかし、アブドュルハミド二世は、列強が植民地化の手段として鉄道を建設することを認識していたことから、帝国の辺境の鉄道敷設権は、帝国領土が蚕食される原因となると考えた。アブドュルハミド二世の時代になってアナトリア、さらにシリア・アラブ地域にも鉄道建設が計画された。アブドュルハミド二世は「わが国の鉄道建設の程度の高い安全を持って任すことのできる唯一の国家はドイツである。」として、アナトリアを経由するイスタンブルからバスラへの鉄道建設利権をドイツに与える考えを述べた。その結果、アブドュルハミド二世は、一八九九年一月ドイツにイスタンブルのハイダルパシャ港の利権を与えた。これにロシアは猛烈に抗議した。六月に東部アナトリアでドイツ人武官がロシア越境問題を起こし、ドイツとロシアの関係は悪化した。ロシアは保護下にあるイランでのドイツの活動を禁止した。

一八九九年、オスマン政府はコンヤーバグダード・バスラ間の鉄道敷設権をドイツに与えることを決定し、一九〇二年に通称バグダード鉄道敷設に関する協定が締結された。ドイツへの鉄道敷設権認可は、国内でも大宰相のジェヴァト・パシャ、サイト・パシャおよびエジプトの高等弁務官ガージー・ムフタル・パシャなどが反対した。

ヒジャズ鉄道の構想　紅海沿岸地帯すなわちヒジャズ地方およびアラビア半島南部のイエーメン地方、バスラ湾地方のバスラ、クウェートなど辺境地帯の防衛は、オスマン政府にとって重要案件であり、軍隊の派遣手段の構築が課題であった。アブドュルハミド二世は、これらの地域への兵員輸送が船舶よりも鉄道のほうが有効と考えた。

アブドュルハミド二世は軍事力によるアラビア半島のオスマン帝国の支配の明確化のほかに、ヒジャズ地方の支配権を確立し、カリフの権力を帝国外のムスリムに強調する目的があった。アブドュルハミド二世にとってヒジャズ地方への鉄道建設は、西欧諸国のアラビア半島への植民地政策を阻止するために極めて重要であった。

ヒジャズ鉄道建設の提案　ヒジャズ鉄道建設の最初の提案は一八六四年にあり、ドイツ生まれのアメリカ人技師チャールズ・ツィンペル博士によるものであった。彼は紅海とダマスカスを結ぶ鉄道をオスマン政府に提案した。当時は鉄道よりも海路のほうが有利との意見が強く、この地帯に住むアラブ系遊牧民ベトウィンの同意が必要という理由で却下された。

一八七二年にドイツ人技師ヴィルヘルム・フォン・プレッセルがバグダード鉄道建設の調査をしたとき、彼は計画には無いヒジャズ地方の軍事支配のために鉄道の建設が重要であり、建設の容易性もあると進言した。一八七四年にオスマン軍のアフメド・レシト少佐が意見書を出し、ダマスカスからメッカへ、さらにジッダへ延びる鉄道の戦略的意味を述べて、この鉄道がオスマン国家のヒジャズ地方支配に影響力を高め、国家の安全を確保するであろうと提案した。一八七八年にはイギリス人のエルフィンストン・ダルムプルが、ハイファもしくはアッカからアラビア半島を横断してクウェートに至る路線をバスラまで延長することを提案した。

運輸大臣のハサン・フェフミ・パシャが運輸省の長期にわたる調査の結果オスマン帝国が将来還元できる運輸に関する投資の計画を、大宰相府経由でアブドュルハミド二世に提出した。その提案の主体はイズミルからバグダードに至る路線であったが、支線としてアレッポから南下し、ハマのオルント渓谷を通過してフムスに出て、レバノン山脈の裏側をダマスカスへ、そしてヨルダン渓谷を下ってバフリ・ルトゥアを経てヒジャズに至る路線であった。

ヒジャズ州知事兼軍司令官であったアレッポ州知事のオスマン・ヌリ・パシャが一八八四年に「将来のジェジレテゥリュ・アラブ、ヒジャズ、イエーメンの改革」と題してスルタンと大宰相府へ提出した上申書で、イエーメン、ヒジャズ地方への鉄道及び電報の路線を建設が外部からの危険阻止に必要とした。一八九〇年には、軍医中佐シャキルがハッジ（聖地巡礼）に出かけ、イスタンブルから海路ジッダに到着し、劣悪な衛生状態を知り、政府が政治的に介入してジッダからアラファトへの鉄道建設を進言している。

一八九二年、父親がアブドュルハミド二世に命ぜられたメッカ代参に同行したスレイマン・シェフィッキ上級大尉は、ヒジャズ旅行記を提出した。スエズ運河を閉鎖されたとき、オスマン政府はヒジャズ地方への連絡路を断たれるので、シリア海岸の港からアカバ湾へ約二〇〇キロメートルの鉄道の建設を進言した。

アフメト・イゼット・パシャの提案　アラブ・アフメト・イゼット・パシャはアブドュルハミド二世の下でヒジャズ鉄道建設を実質的に担当した。ジッダのワクフ担当長の任にあったアフメト・イゼットは、一八九二年に海軍省の輸送に関する上申書において、ヒジャズ鉄道について言及した。イゼットはアラビア半島の歴史を概観して、中央からの遠隔地であり常に十分な軍隊を派遣できないヒジャズ地方は、外部から全く支配を受けず、治安は巡礼の期間のみ保たれると指摘した。

オスマン朝以前からカリフは、ヒジャズ地方を閉鎖的に管理したので、貧困と停滞の状態が続いた。メッカ周辺の土地は農業に適さないため、必要な物資はエジプト、ダマスカス、アレッポ、イラク、ネジド、イエーメンから輸送していたが、様々な障害により供給量は不十分であり、物資の欠乏により遠方からのメッカへ巡礼は困難であった。スエズ運河の開削による紅海へのヨーロッパ勢力の進出は、イスラムの聖地メッカ・メジナを擁するヒジャズ地方を危険に陥れる可能性を増大させた。

イゼットは、聖地防衛のため内陸のダマスカスもしくは、それに見合う都市からの鉄道建設の必要性を訴え、鉄道の開設により巡礼がより容易となり、数も増大すれば、宗教的・経済的効果は十分に上がると説いた。イゼットの提案は、鉄道の開設により、ヒジャズ地方におけるオスマン政府の軍事的優位性と支配権の強化がはかられ、アラビア半島の統治を容易にすると述べ、さらにヒジャズ鉄道による人員及び物資の輸送の増大は、この地方の経済を発展させるとした。

アフメト・イゼット・パシャ

海軍大臣からアブドュルハミド二世に上申されたイゼットの提案は、スルタン官房の部局の軍事委員会のメンバーであった参謀本部の大将メフメト・シャキル・パシャに審査が命じられた。シャキル・パシャがアブドュルハミド二世に報告した審査結果では、イゼットの言及していなかった財政的、技術的観点から、いかなるルートが妥当かも検討して、シャキル・パシャ自身が描いた地図も添付し、メジナへの鉄道路線はダマスカスからが最良とした。計画路線の距離は一二〇〇キロメートルであり、途中に長い鉄橋やトンネルを建設する必要がないと述べた。シャキル・パシャは、メジナへの本線のほか途中からアカバへの支線も建設し、紅海への出口を確保することが経済的に優位であり、オスマン政府の紅海支配が容易になると述べた。さらに、鉄道線路を狭軌にした場合はその費用は三〇八万八〇〇〇オスマン・リラ、広軌にした場合は三六九万六〇〇〇リラとなると計算され、アカバ支線の建設には二〇万から三〇万リラの加算が必要と述べている。

一方、エジプト高等弁務官のアフメト・ムフタル・パシャはアブドュルハミド二世に、ヒジャズおよびイェーメン地方の対岸にあるアフリカ海岸を、イギリスが占領を計画し、戦略拠点となる港湾セヴァキンを占領したと報告した。このためオスマン政府は速やかにダマスカスからアカバへ、コンヤからダマスカスへの鉄道建設を急ぐべきであり、エジプトに問題が発生した時にただちに大量の兵力を送り、影響を与えることができると提案した。しかし、イギリス政府はこの鉄道建設に強い不満を表明し、ダマスカス－アカバ鉄道の路線の建設を阻止するために路線上の有力者たちに多大な賄賂を与えていると報告されている。アフメト・ムフタル・パシャの提案は一八九八年に閣議で検討が加えられたが、継続審議となった。

インドでは、イスラム教徒の新聞主筆ムハムメド・インシャラフが、巡礼のためのヒジャズ鉄道建設を主張した。イゼットはこれらの鉄道建設の様々な希望をまとめてアブドュルハミド二世に継続的に進言した。アブドュルハミド二世は、イゼットの報告に強く惹かれ、彼を国家評議会の委員に任命し、宮殿への出入りを許可した。さらに、彼に、第二書記官長とスルタン官房の称号を与え、パシャに昇進させた。

ユルドゥズ宮殿のスルタン府官房の個人名のついた特別部局のひとつであるイゼット・パシャ部局を作り、ヒジャズ鉄道建設に関して「イゼット・パシャ以外この任務に適当な人物はいない」とアブドュルハミド二世は回顧録で述べている。アブドュルハミド二世はイゼット・パシャを、シリアにおける鉄道の建設の担当とさせて、資金を帝国外から集めることも彼の任務とした。ユルドゥズ宮殿における彼の部局がもっとも訪問者が多く様々な人が出入りしたと言われる。

イギリスの妨害工作　ヒジャズ鉄道建設にイギリスは真っ向から反対した。ヒジャズ鉄道の軍事的重要性はきわめて高かったため、この地域および周辺に軍事的優位を保っていたイギリスは、ヒジャズ鉄道建設によりスエズ及び紅海周辺の優位性が失われることに危機感を持った。また、鉄道が地方の経済的支配にきわめて重要であることも、植民地経営の経験から十分に認識していた。それゆえ、イギリスは、アブドュルハミド二世のヒジャズ鉄道建設を看過できなかった。しかし、鉄道敷設地域がオスマン帝国内であり、イギリスは直接阻止工作ができず、機会を捉えて様々な手段を用いて圧力を加えた。

イギリスのヒジャズ鉄道建設への妨害工作に直面し、オスマン政府は常に緊張感を持って工事を推進しなければならなかった。アブドュルハミド二世はヒジャズ鉄道建設にイギリスの動向を注意深く観察し、「イギリスがこの鉄道建設にエジプトにおける政治的問題を理由に全く同意をしなかった。ロンドン内閣は、すべての機会を持って建設に反対し、我々に損害を与えることに躊躇《ちゅうちょ》していなかった。さらにアカバ問題が発生するとバフリアフメル海岸タベ（タバ）港に一時期軍艦ダイアナを送り込み砲艦外交を行った。」とスルタン府の側近に語った。アブドュルハミド二世は、ヒジャズ鉄道の建設期間中はイギリスとの間に問題を発生させないように、ユルドゥズ宮殿で情報の収集に努力し、アカバ問題のような事態が起きないよう外交に気を使い、工事が遅延しないように注意をはらい、穏便に工事を継続していった。

イギリスはベルリン会議以後、キプロス島を確保し、エジプト、ソマリア、スーダン、ウガンダを占領したのち、一八三九年にアラビア半島の先端にあたるアデンを確保し、イエーメン方面への勢力拡大を図っていた。イエーメンではオスマン政府の反発に対して、スパイを送り込みイエーメン人に反乱を起こさせ資金や武器を送り込んだ。さらにネジド地方のワッハーブ派を支援し、オスマン政府に反対する政権樹立を狙った。クウエートではシエイフ、ムバレキュス・サバフを管理下にいれ、宮殿の上にイギリスの旗を揚げさせた。またバスラ地域の有力部族長らの子弟に教育を受けさせるとしてロンドンに送り込んだ。また、インド総督カーゾン卿がバスラ周辺に旅行し、フェヴ（ファーウ）電報局で電信師を抱き込んでカールーン川の運行特権をイランから獲得した。

イギリスのアラビア半島における外交工作は、ユルドゥズ宮殿のアブドュルハミド二世に報告された。イギリスは、世界各地で行った植民地経営の経験から鉄道建設に対する住民の不満や被害を熟知しており、ヒジャズ鉄道反対工作は巧妙であった。ヒジャズ地方のアラブ諸部族に「この鉄道路線はみんなの古くから伝えられている伝統を壊すであろう。毎年国庫から受け取っている下賜金が取り上げられるであろう。国家と馬による交通手段は廃止されるであろう。さらにキャラバンによる交易は廃止されるであろう。」と様々な機会を捉えて宣伝し、シェイフたちに多額の金品や贈答品、武器を送りこみ、鉄道敷設工事反対の妨害工作を進めた。これに対抗して、オスマン政府は影響力を強化するために軍隊の派遣を決定し、第五軍及びヒジャズ師団から編成された、駱駝騎兵隊及び騾馬騎兵隊をマアン・サンジャクに派遣した。

イギリスはヒジャズ鉄道建設が始まると、資金調達の有力な場としてイスラム教徒が居住し、カリフとしてオスマン家を支持するインドで建設反対工作に重点を置いた。イギリスはインドで発行されるイスラム教徒も読む英語新聞を利用し、トルコのヒジャズ鉄道敷設は生活の向上などには寄与せず、単にイスラム教徒を収奪することであると訴える記事を載せた。この宣伝活動は、イギリスはじめとする帝国主義諸国の鉄道敷設への反対運動を参考にしたことから、自らの非を明らかにすることでもあった。イギリスの宣伝工作にもかかわらず、イスラム教徒の鉄道建設がイスラム教徒に経済的打撃を与える論はすぐに否定され、インドでの工作は成功しなかった。

建設工事 アブドュルハミド二世は、オスマン政府のイェーメン、ヒジャズ地方などの防衛に必要な軍事輸送を確保するために、アラビア・シリアでの鉄道敷設が必要であるとの進言に応じて、オスマン帝国によるヒジャズ鉄道建設を決定した。鉄道建設の目的は、イェーメンおよびヒジャズ地方へのオスマン軍独自の軍事行動の確立であったが、巡礼での人や物資の輸送が、経済面での効果をもたらすであろうとの期待もあった。

建設主体はオスマン帝国ではあったが、資金はドイツ銀行が保障し、技術面ではドイツの支援を受けていた。鉄道敷設工事はドイツ人技師によって進められ、導入された重要資材や機関車はドイツ製であった。

しかし、資金にはインドのイスラム教徒が反英闘争の一環として、ムハムメド・インシャラフやアブドュルカユム等が中心となって結成したヒジャズ鉄道中央委員会が、イギリスが建設に反対するヒジャズ鉄道を巡礼鉄道と位置付けて、多額の寄付を贈った。またエジプト、ロシア、モロッコ、インドネシアのムスリムも多額の資金を集めた。また、工事現場の技師や労働者の大部分はトルコ系であり、労働者の一部にはアラブ人労働者も加わっていた。

ヒジャズ鉄道の工事は、一九〇〇年五月二日準備が公示された。そして、九月一日にダマスカスでおこなわれた公式行事によって工事は開始された。一年後の一九〇一年九月一日にハイファ支線につながるミュゼイリブ－デルア間（一一キロメートル）で暫定開業し、一九〇二年九月一日には本線の中央部デルア－ゼルケ間（七九キロメートル）、一九〇三年一一月には橋梁とトンネルが続くゼルケ－アンマン間（二〇キロメートル）まで開通した。北部本線のダマスカス－デルア間は一九〇三年九月一日に、一九〇四年九月一日には開通区間四六〇キロメートルに達しマアンに到った。そして、マアンからヨルダン渓谷沿いから南東に向けた工事が進み一九〇八年九月一日鉄路はメジナ駅の先二キロメートルまで完成し、ダマスカス－メジナ間の全線で営業を開始した。

全線で二六六六個所の石造の橋梁および開削工事がおこなわれた。鉄橋は七個所に設けられ、トンネルは九個所であった。七個の貯水池と三七箇所の給水塔が建設された。付属施設として二か所の病院、三個所の工場が設けられた。

効果　ヒジャズ鉄道の開通は、交通不便であった南部シリアの経済的発展に寄与した。また、ハイファ支線はハイファ港から物資の荷揚げがおこなわれることによりベイルートに集中していた経済的中心が部分的にダマスカスへ移動してくることも考えられた。シリアとヒジャズ地方が鉄道により直結したことにより聖地として隔離されていたメッカ、メジナへシリアからの物資輸送が増大した。

宗教的成果としては、ヒジャズ鉄道の世論に訴えた目的は、数ヶ月にわたる様々な困難と危険が待ち構えていた「巡礼を容易にするため」であった。ヒジャズ鉄道がムスリムのために絶大な寄与となることは明白であった。以前の巡礼路は、アラビア半島では海岸沿いにまたは内陸のキャラバンルートを利用した。イランからの巡礼は東アラビアの砂漠を横断するか、海路

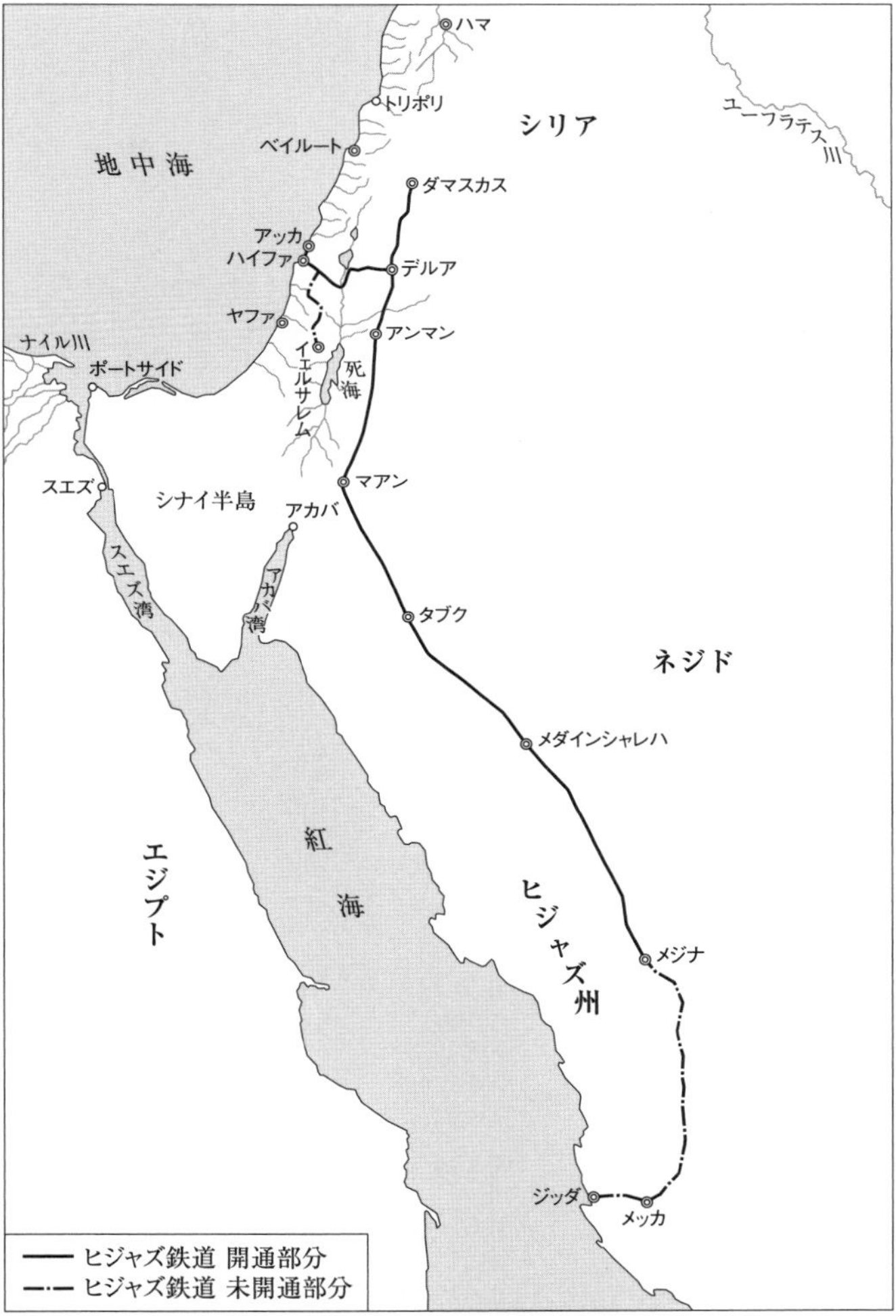
ハマ
トリポリ
シリア
ユーフラテス川
ベイルート
地中海
ダマスカス
アッカ
ハイファ
デルア
ヤファ
アンマン
ナイル川
イェルサレム
死海
ポートサイド
マアン
スエズ
シナイ半島
アカバ
スエズ湾
アカバ湾
タブク
ネジド
メダインシャレハ
紅海
エジプト
ヒジャズ州
メジナ
ジッダ
メッカ
ヒジャズ鉄道 開通部分
ヒジャズ鉄道 未開通部分

開通したヒジャズ鉄道

ジッダへ入った。アフリカからはシナイ半島を経由してアラビア半島の内陸路もしくは海路でジッダへ至り、ジッダからメッカへ向かった。アナトリアやシリアからの一部はダマスカス－メッカ巡礼路を利用したが、ダマスカスからメジナまで四〇日、そしてメッカまでは五〇日を要した。このように長期にわたる巡礼は、病気や怪我、水の欠乏、そして強盗の出現などに遭遇する危険性を含んでいたため安全の確保の費用はますます増大していった。このような条件で巡礼はおこなわれており、これらの障害を少しでも少なくするよう多くの巡礼者が鉄道建設を望んでいた。ヒジャズ鉄道建設の暁には、ダマスカス－メッカは往復八日になった。聖地での行事に一〇日かかるとしても一八日でダマスカスからの巡礼がおこなわれることになる。また、駱駝を利用する行程の費用は大幅に下げられることとなり、さらに多くの巡礼者が出かけられるようになる。またジッダへ支線を延長することにより海路ジッダに入った世界各地の巡礼者も容易に聖地へ入ることができた。ムスリムの義務としての巡礼が容易になり多くの人が巡礼に行けることになれば、ヒジャズ鉄道を建設したカリフ、アブドュルハミド二世のイスラム世界における名声は当然上がるとされた。

ヒジャズ鉄道がアブドュルハミド二世の西欧に対抗する近代化政策としておこなわれ、その大部分がドイツの資本と技術そして機関車等の資材の供給を得ていたにもかかわらず、ムスリムによる鉄道建設支援を受けてムスリムの大きな運動として展開した。ムスリムによる資金調達がインドや、ロシアの中央アジアでおこなわれた。アブドュルハミド二世の計画した西欧的鉄道建設はイギリスの反対工作によって、ムスリムの支援を受けたことから、ムスリムの資本、ムスリム労働者によるムスリムの聖地巡礼鉄道という方向性が大々的に拡散した。

ヒジャズ鉄道は、シリアからメッカ、メジナを結ぶ巡礼鉄道の意味も持っていたため、アブドュルハミド二世のパン・イスラム主義の下に建設されたともいわれるが、近代化推進の動機のほうが強かったと言える。イスラムの強調よりも、イスラムの中に西欧近代の産物を導入する近代化を目指す、西欧化のひとつであった。

その後のヒジャズ鉄道　第一次世界大戦が開始されると、イギリスはアラブ地域に進出を企て、メッカの太守シェイフ・フセインとの間にオスマン帝国からのアラブの独立を支援する協定を結んだ。これにより、オスマン帝国の象徴的存在であるヒジャズ鉄道の破壊工作を実施した。この結果ヒジャズ鉄道は全面的に不通となり、再開の機運はあったものの最終的に第三次中東戦争によって全く日の目を見ることはできていない。

V アブデュルハミド二世治世末期

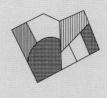

1 青年トルコ人運動

❖概観

アブドュルハミド二世はオスマン＝ロシア戦争の講和問題を機に、議会を閉鎖して専制政治を開始し、反対する諸勢力を弾圧した。この専制政治を利用して列強の内政干渉は強まり、領土の実質的割譲、列強の内政干渉の容認などが進行し、オスマン帝国は植民地化の様相を呈した。

即位まもなくアブドュルハミド二世に反対する動きは、チュラアン宮殿事件などがあるが、これらはアブドュルハミド二世を廃し、ムラト五世の復活を図るものであり、専制政治とは関係はなかった。専制政治が始まってもユルドゥズ宮殿の圧力によってアブドュルハミド二世の専制政治に対する組織的運動は封じられていた。

しかし、一九世紀末ごろになると専制政治のひずみによる民衆などの社会的・経済的不安が増大し、一般大衆の救済と祖国の再興を求める少壮軍人層や若い知識人の一部から声が上がり始めた。彼らは専制政治の停止、立憲体制の復活を目標とする運動を開始した。彼らは、新オスマン人運動家とくにナームク・ケマルの戯曲などから自由主義思想を学び、憲法の復活を目指した。この運動に新オスマン人運動と同様にフランス語では新トルコ人運動とするが、西欧各地で勃発した国家統一を求める運動の青年イタリア、青年ドイツなどに影響されて青年トルコ人運動と称されるようになった。この青年トルコ人運動の中で、最も中心的組織は『統一と進歩委員会』であった。しかし、統一と進歩委員会に加入しない、もしくは委員会を離脱して独自の活動を続ける人たちも含めてアブドュルハミド二世の専制政治に反対する人たちを青年トルコ人とし、その活動を青年トルコ人運動とする。

❖統一と進歩委員会

統一と進歩委員会は、一八八九年イスタンブルの軍医学校の校庭で学生イブラヒム・テモの呼びかけに応じた三人の合計四人の学生によって創始された。統一と進歩委員会は、秘密結社として相互に本名ではなく番号で連絡しあった。第一支部の第一号会員を示す一／一は、最初の呼びかけ人であったイブラヒム・テモに与えられた。

イブラヒム・テモはオフリ湖畔のストゥルガ出身のアルバニア人であった。呼びかけに応じたメンバーは、クルディスタンのハルプート出身のアブドゥラッフ・ジェヴデトとイスハク・シュキュティそしてコーカサスのダゲスタン出身者のメフメト・レシトであった。四人は最初の会合で、アブドゥルハミド二世の専制政治による大衆の貧困や不安を阻止する手段は、憲法の復活と国民のための政治であると決意した。

イブラヒム・テモたちは組織の拡大を目標とし、軍医学校内の同志を糾合し、陸軍士官学校はじめ各種軍学校やミュルキイェと呼ばれる高級文官学校などに同調者を求めた。そして、イスタンブル郊外で密かに一二名のメンバーが集合して「イチジクの下会議」と名付けた会合で、組織を確立した。委員長には最年長者で司法省の高級官僚であったヘルツェゴビナ出身のアリ・ルシュディが選ばれた。書記には医学生のシェラフェディン・マウムミィが、会計係には軍医学校卒業者でのち産婦人科の著名な教授となるアサフ・デルヴィシュが選ばれた。この会合には各委員や創始者の四名のほかに新聞記者のイズミル出身アリ・シェフィキ、のちダマスカス医学部教授のクレタ出身のムハレムなどが参加した。この会合に参集したメンバーを見ると、組織はすでにイスタンブ

イブラヒム・テモ

ルの知識人階層に浸透していたことを示している。イブラヒム・テモはすべてのオスマン帝国国民に民族や宗教宗派を問わず加入を認める方針を出した。しかし、クレタ出身のムハレムはイスラム教徒に限定すべきと反対したが、大部分の参加者によって否決された。これは彼らが想定するオスマン帝国の体制はイスラムを柱とするより、非ムスリムを含めて西欧化・近代化へ進む方向性を示しており、さらに決定が民主的におこなわれていたことも明らかである。

この会合後、組織を強化し、海外の活動家も加入させるため、国外に亡命した人たちと連絡を取った。パリで活動するアフメト・ルザは、フランス留学から帰国後ブルサ農学校校長在職中に、アブドュルハミド二世に専制政治を批判する文書を当局に送ったことから逮捕をおそれ、パリ万国博覧会視察を口実にフランスに脱出し、パリで新聞(メシュヴェレト紙)を発行し国内に送り、改革運動の環を広げようとしていた。

アフメト・ルザと連絡を取るために、軍医学校の学生アラブのアフメト・ヴェルダニィがパリに派遣された。同時にサロニカ出身のナーズムが自費でパリに同行したいと希望したので、彼もパリに派遣した。二人はパリでアフメト・ルザと会って、メシュヴェレト紙の発行にも協力した。サロニカの富裕家庭出身のナーズムはアフメト・ルザと意気投合し、以後共に活動を続け、パリで医学部に入学し医師の免許を受けた。一方、アフメト・ヴェルダニィは家族からの送金もままならず貧困のうちにあり、一九〇二年パリでイブラヒム・テモと会ったが、故郷

アフメト・ルザ

に帰ることなく病没した。なお、軍医学校学生であったトゥナル・ヒルミがヴェルダニィに二〇〇フラン送ろうとし、国内で拘束されたが、のち釈放されたものの、一八九七年の大追放でトリポリに送られたが、パリに脱出しアブドゥラッフ・ジェヴデトらと活動した。

パリのアフメト・ルザとの連絡が取れると、イスタンブルのメンバーたちは組織の名称をアフメト・ルザに相談した。アフメト・ルザは「秩序と進歩委員会」と提唱したが、イスタンブルでは「秩序」は運動の趣旨である改革という組織の方針と合わないことから「統一」に変更して、「統一と進歩委員会」と名付けた。

ユルドゥズ宮殿による統一と進歩委員会への弾圧が始まった。一八九二年、イブラヒム・テモが故郷ストゥルガへの旅行中に密告によって初めて逮捕されたために、イブラヒム・テモらの活動は官憲に知られたが、容疑不十分で解放された。イブラヒム・テモは一八八三年に軍医学校を卒業し医師の免許を取得した。ハイダルパシャ病院で眼科のディクラン・アジェミヤン軍医大佐のもとで研修し、その後二年間眼科で勤務した。しかし、一八九五年、イブラヒム・テモやイスハク・シュキュティは、アルメニア人の大宰相府へのデモ行進に触発され、初めて統一と進歩委員会の署名入りのビラをイスタンブルの中心地で撒いた。組織の名称が公となり、ユルドゥズ宮殿の諜報機関の捜査の対象となった。

イブラヒム・テモは最初の逮捕後もハイダルパシャ病院の助手となって監視下に置かれた。その後も活動を続けたため逮捕され、国内での活動は困難であると考えルーマニアのトルコ人居住地であるドブルジャ地方のコンスタンツァに亡命した。イスハク・シュキュティは軍医学校卒業後、ハイダルパシャ軍病院でドイツ人医師の助手として勤務したが、活動を続けたために逮捕されロドス島の要塞に追放された。彼は、そこからエジプトに脱出し、その後パリに移動して活動を続けた。

イスタンブルでは統一と進歩委員会の活動は続けられていた。メシュヴェレトはじめミザンなどのヨーロッパで発行された新聞は、外国の治外法権的郵便制度を利用してイスタンブルに送られ、国内へ配布された。しかし、ユルドゥズ宮殿のスパイは、外国郵便局に立ち入り国外からの新聞受け取りを依頼されたギリシア人を買収して、新聞の国内の購読者を特定した。一八九七年にアブドュルハミド二世の調査機関により、大部分の統一と進歩委員会メンバーが逮捕された。ユルドゥズ宮殿で裁判がおこなわれ、アブドゥラッフ・ジェヴデト、メフメト・レシトら創始者メンバーの二人や多くがリビアに流刑となった。メフメト・レシトは、憲法が復活する一九〇八年までリビアの現地に留まった。アブドゥラッフ・ジェヴデトは、リビアからフランスに亡命し、パリやジュネーブで活動を継続した。

❖統一と進歩委員会の海外活動

オスマン帝国内で統一と進歩委員会の活動の中心はこの一八九七年の大弾圧で、特にイスタンブルでの活動は壊滅し活動は停滞した。このため、アブドュルハミド二世の専制政治に反対する活動は、海外に移った。

海外では安定した収入源を確保していたイブラヒム・テモはルーマニアのコンスタンツァ、アフメト・ルザはパリに拠点を構え活動していたが、多くの海外亡命者たちは、拠点を一定にできなかった。パリに来た創始者のアブドゥラッフ・ジェヴデト、イスハク・シュキュティは、アフメト・ルザとの意見の相違からジュネーブでオスマンル紙を発行し、ロンドンでの発行もあった。トゥナル・ヒルミもこれに参加した。

一八九〇年にミザン紙を主宰したミザンジュ・ムラトは、ダゲスタン出身で、ロシアでの教育を受け、父親とともにイスタンブルへ移住した。フランス語、ロシア語が堪能であったため外務省の翻訳局に入ったのち、高級文官学校、イスタンブル大学での教員をへて、オスマン債務管理委員会に勤務した。一八九一年スルタンへ改革上申書を提出したが受け入れられず、周囲の援助で国外に脱出し、セヴァストポール経由でダゲスタンに帰還後、キエフ、ウィーン経由でパリに亡命した。パリでアフメト・ルザと活動し、統一と進歩委員会に加入しアフメト・ルザに代わって委員長になったが、アフメト・ルザとの意見の相違からパリを離れジュネーブで活動した。

軍医学校出身のシェラフェッティン・マウムミィはリビア追放後ヨーロッパに亡命、パリで活動したが、憲法復活後イスタンブルへ帰国するも活動の制限を感じカイロに移り定住した。その他、多くの統一と進歩委員会の海外亡命メンバーが、パリ、ジュネーブ、カイロなどで活動していた。

一方、ロシア領中央アジアのトルコ系知識人のユスフ・アクチュラなどが、ロシアの抑圧を逃れて海外に亡命した。彼らの多くはオスマン帝国の改革運動に同調し青年トルコ人運動に参加した。アクチュラは、トルコ共和国の改革にもあたった。

海外での活動家たちの大部分は、収入を得る手段がなく、オスマン帝国内の家族などからの送金に頼るものも多かった。ルーマニアの医師免許を取ったイブラヒム・テモやフランスの医学部を卒業して免許を得たナーズムは医師として活動できたが、イスタンブルの軍医学校出身の活動家で、その国の免許がない者は海外では医師として活動できなかった。アフメト・ルザはかつてパリでの留学の経験から生活費を確保していた。

このような中で、エジプトのメフメト・アリ朝の一族が反アブドュルハミド二世活動に金銭的支援をした。アブドュルアジズの時代に活動した新オスマン人たちズィヤ・パシャ、ナームク・ケマルなどは、大宰相アリ・パシャの弾圧によりパリに亡命した。このときエジプト王家のムスタファ・ファズル・パシャから毎月の支援金を彼らは受け取っていた。同様に青年トルコ人たちも支援を受けており、アフメト・ルザはじめ多くの活動家がエジプトのメフメト・アリ朝の家族から支援を受けた。エジプトで活動する統一と進歩委員会のメンバーも多く存在した。

アブドュルハミド二世は、イスタンブルにおける統一と進歩委員会の活動家の追放に成功した。流刑に処された多くの統一と進歩委員会メンバーは、流刑地トリポリから脱出しヨーロッパに移動した。ユルドゥズ宮殿は、彼らのヨーロッパでの活動を抑制するために、家族からの送金に様々な妨害工作をおこなった。アブドュルハミド二世は、海外の活動家の多くが経済的困窮から活動の継続が困難となった窮状をとらえて、パリ大使やアブドュルハミド二世の諜報長ジェラレッディン・パシャに命じて、海外で活動する統一と進歩委員会のメンバーへの懐柔策を含め活動に圧力を加えた。

諜報長ジェラレッディン・パシャは妥協案をヨーロッパの反アブドュルハミド活動家に示して、彼らの活動を制限しようと工作をおこない、帰国を求める者にはしかるべき官職を保証すると伝えた。国内外での活動経歴を問うことなく、アブドュルハミド二世の恩恵的な処置により、帰国できるとの提案であった。困窮するメンバーにはこの条件を受け入れる者もあった。ミザン紙の発行人ムラトは、イスタンブルに帰還する道を選び、オスマン政府に登用された。政府に採用されないまでも、活動を自粛し帰国するものも多かった。憲法復活ののちに統一と進歩委員会の事務局長になったミドハト・シュキュリュも帰国組であった。しかし、主要な統一と進歩委員会メンバーの大部分は、帰国は行動の自由を失うことであるとして受け入れなかった。

パリ大使やアブドュルハミド二世の諜報長ジェラレッディン・パシャは、別の妥協案を提示した。ヨーロッパでアブドュルハミド二世の政治に反対する行動をおこなわない条件で、帰国することなく在外公館の医務官や書記官もしくは駐在武官になる提案であった。海外活動家の多くは、アフメト・ルザら一部を除き、生活を維持するための手段として、この妥協案を受け入れたが、密かに活動は継続する考えであった。アブドゥラッフ・ジェヴデトらは、彼らの統一と進歩委員会としての活動を休止したことを表すために、機関誌のオスマンル紙の休刊を受け入れたが、オスマンル紙の発行はヨーロッパ人の仲間に託し、発言の場を確保した。そして、イスハク・シュキュティはローマ大使館の医務官、アブドゥラッフ・ジェヴデトはウィーン大使館の医務官となった。医師ではないチェルケス・アフメトはベルグラードの駐在武官、軍総司令官副官であったシェフィキはブカレストで、アリ・ケマルはブラッセルで、軍医学校卒業目前に渡欧したトゥナル・ヒルミはマドリドで、ラウフ・アフメドはアテネで在外公館の勤務に就き、給与の支給を受けた。シェラフェッディン・マグムミィは学校に通っていたので学費の支給を受けることになった。このようにして、パリでの統一と進歩委員会活動は、アフメト・ルザらの活動が中心となり、活動の主導権はアフメト・ルザ一派が握った。

一方、妥協して在外公館などに生活の場を得た者は、監視の下に置かれ、政治活動の制限を受ける不自由な立場に置かれた。しかし、アブドゥラッフ・ジェヴデトは活動を継続し、ウィーンの大使館の強力な圧力にも屈しなかったため、大使館からの要請でウィーンの警察による国外追放処分を受けた。また、イスハク・シュキュティは、活動を継続したが職を追われ、困窮により栄養失調となり結核を患っていた。イブラヒム・テモは病状を心配して、体調の回復のため静養を勧めたが、イタリアのサンレモで病死した。

オーストリアを離れたアブドゥラッフ・ジェヴデトはパリ、ジュネーブを中心に活動を再開し、オスマンル紙を再刊した。しかし、統一と進歩委員会の活動はパリのアフメト・ルザが中心となり、多くの青年トルコ人も反アブドュルハミド二世運動を展開していたものの、しばらくは運動の停滞が続いた。

❖マフムト・ジェラレッディン・パシャらによる青年トルコ人運動

ダマト・アサフ・マフムト・ジェラレッディン・パシャとその息子たちは、統一と進歩委員会に加入しない活動であったが青年トルコ人運動の一つであると考える。一九〇〇年にマフムト・パシャはアブドュルハミド二世の専制政治に反対して、自由教育を与えた二人の息子サバハッティンとルトゥラッフとともに密かにフランス汽船に乗り、ダーダネルス海峡での検閲を潜り抜けマルセイユに亡命した。

マフムト・パシャは、マフムト二世の孫にあたり、アブドュルハミド二世の従兄弟であり、父親はオスマン軍総参謀長、重要州の知事職を歴任した海軍総提督（カピタン・デルヤ）のダマト・ギュルジュ・ハリル・リファアト・パシャである。マフムト・パシャは、アブドュルアジズの治世期にアブドュルハミド二世の妹でありアブドュルメジドの娘のセニハ・スルタンと結婚し、父と同様にダマト（スルタンの娘婿）の称号を持っていた。アブドュルハミド二世は信頼する存在として彼を遇し、二四歳でヴェジール大臣階級に叙し、パシャの称号を授与して、司法大臣に任命した。しかし、数ヵ月後マフムト・パシャは、アブドュルハミド二世廃位運動組織との関係を疑われ、司法大臣を免ぜられた。その後、疑いが晴れて国家評議会議長の任命を受けたが、就任を拒否して公職から離れたが、政治的発言は続けた。アブドュルハミド二世がバグダード鉄道敷設権をドイツに譲渡する決定に反対し、イギリスの会社に譲渡することを提案した。

オスマン帝国から脱出したマフムト・パシャと息子たちは、マルセイユで外国特派員に「現状のままではオスマン帝国は、まもなく滅亡するであろう、もし、我々の戦いが成功すればオスマン帝国の存続は可能である」、「現在の各勢力の分散状態を終わらせ、愛国者の結集こそが必要な条件である」と述べた後パリに向かった。アブドュルハミド二世の専制政治を打倒する運動を統一的に展開するために、パリで統一と進歩委員会として活動するアフメト・ルザと会談した。その結果、アブドュルハミド二世の打倒の点では同意したが、運動への参加者の範囲などの方針が一致せず、同一行動をおこなうことは困難であると結論に達した。しかし、マフムト・パシャはアフメト・ルザの発行するメシュヴェレト紙に投稿するなど厳しい対立的関係ではなかった。マフムト・パシャは統一と進歩委員会には加入せずに、機関紙のひとつオスマンル紙を支援し、ジュネーブやロンドンなどで活動を続けた。

アブドュルハミド二世は、マフムト・パシャの活動が青年トルコ人運動家の活動に精神的支えとなることを憂慮した。オスマン政府の海外機関やユルドゥズ宮殿の諜報機関の要人を派遣して、マフムト・パシャをイスタンブルに帰還させようとした。そして、アブドュルハミド二世は、マフムト・パシャがヨーロッパでの亡命生活を継続できないよう滞在国の政府に協力を求めた。マフムト・パシャはヨーロッパを離れて、エジプトへディヴ、アッバス・ヒルミ・パシャを頼った。へディヴは、マフムト・パシャと息子たちをエジプトに招請した。その背景にはエジプトへディヴ一族には反アブドュルハミド二世運動に好意的な者も多く、海外の青年トルコ人運動活動家に寄付をおこなう者もいたことが考えられる。マフムト・パシャと息子たちは、カイロで活動を続けた。カイロでマフムト・パシャは、イスタンブルでの不遇時代に著した詩集『アサーフ』を刊行した。

オスマン政府は、エジプトへディヴ、アッバス・ヒルミ・パシャに対してマフムト・パシャの即時イスタンブル送還を要求した。へディヴは、オスマン政府との対立はエジプトの立場を危険にすると考え、マフムト・パシャのエジプト滞在許可を停止した。

海外亡命当初からマフムト・パシャは、アブドュルハミド二世の専制政治に反対するすべての勢力を結集し、憲法の復活を目指す運動家の会議を開催する場としてヨーロッパが必須と考えていた。エジプト滞在が困難になったことを機に、マフムト・パシャと息子たちは、パリに拠点を移すことを決定した。しかし、エジプトを離れパリへの移動の途中にマフムト・パシャが病気となり、療養のためギリシアのコルフ島に滞在した。オスマン政府はギリシア政府に対して、マフムト・パシャらのコルフ島滞在を認めないように圧力を加えたため、かれらはコルフ島を離れナポリに移動した。マフムト・パシャは病気のためナポリで療養を続け、二人の息

第一回青年トルコ人会議集合写真

子はパリに先行し、立憲体制復活を求めるすべての活動家の会議を父親に代わり開催することとなった。

❖青年トルコ人会議

一九〇二年二月、第一回青年トルコ人会議がパリで開催された。この会議は、正式には一九〇〇年に出された「すべてのオスマン帝国民へ」と題する檄文《げきぶん》によって召集された「第一回オスマン民主主義者会議」であるが、第一回青年トルコ人会議と通称される。会議の準備委員会がマフムト・パシャの二人の息子プレンス・サバハッティン・ベイ、プレンス・ルトゥラッフ・ベイとともに、イスマイル・ケマル、アリ・ハイダル・ミドハト、モゾロス、イスマイル・ハック、ファルドヒによって構成された。イスマイル・ケマルはアルバニア人で、のちアルバニア初代大統領となった。モゾロスはキリスト教徒であった。アリ・ハイダル・ミドハトは憲法の起草者ミドハト・パシャの息子である。イスマイル・ハックはイブラヒム・テモ、イスハク・シュキュティとエルジンジャン軍学校長時代に会って統一と進歩委員会に加入し、ボーア戦争に抗議してイギリス大使館に入ったことからロドス島に流刑されたが、パリに逃れ活動していた。

会議の開催に当たって、参加者の安全保障や旅費などの問題は山積していたが、最大の壁はフランス政府の妨害であった。フランス政府はオスマン帝国内での鉄道利権を獲得する政策を進めていたため、アブドュルハミド二世の政策に反対する会議の開催は容認できなかった。会議直前にパリ警視総監から、会議の集会禁止命令が出たために、予定より大幅に遅れてラファイエト街のフランス上院議員の提供した私邸で開催された。会議にはエスニック的にトルコ人、アラブ、ギリシア人、アルメニア人、クルド人やコーカサスの人たち、そしてユダヤ教徒、キリスト教徒の参加も見られ、オスマン帝国の構成諸民族の大部分が参加した。オスマン帝国は宗教・宗派別支配をおこなっていたことから、エスニックな分類と宗教的分類が異なっている場合があった。ヨーロッパ近代のナショナリズムとオスマン帝国民の立場には差異があった。

会議には、準備委員会のメンバーのほかに、アフメト・ルザ、ホジャ・カドゥリ、イブラヒム・テモ、ユスフ・アクチュラ、ケマル・ミドハト（ミドハト・パシャの孫）、ドクトル・ナーズム、ドクトル・レフィキ・ネヴザト（パリ在住の医師）、など六〇～七〇名の参加があった。アルメニア人代表にシシリアン、ギリシア正教徒代表として元郵政大臣ムシリス・ギディスと弁護士ドクトル・ファルディスが参加した。

会議参加者の共通の目標は、アブドュルハミド二世の専制政治打倒、憲法復活であった。しかし、参加者の立場の多様性によって、行動方針は一つに纏まらなかった。オスマン帝国を維持するオスマン帝国主義や帝国内での民族自治権の拡大、さらに帝国解体分割を考える人たちなど、参会者の幅広い考え方が主張しあった。

主催者のサバハッティン・ベイはこれらの意見を集約して、様々な立場の意見を取り入れた地方分権による連邦制国家体制をもって、参加者の意思統一を目指した。また、アブドュルハミド二世の専制政治を打倒するために、軍事力をもってアブドュルハミド二世を退位させることも議題とされた。イスマイル・ケマルは同じアルバニア人のリビア知事レジェップ・パシャが、テキルダアで武装蜂起を計画しているとの情報をもとに具体的に提案した。アフメト・ルザたちは穏健にアブドュルハミド二世の退位を待つべきと主張し、この提案に反対した。また、アルメニア人代表が外国軍の支援を要請する考えも提案した。サバハッティン・ベイは外国の支援なしではアブドュルハミド二世を打倒することはできないので、勝利の暁には外国軍は撤退すべきであるとして好意的であったが、アフメト・ルザは外国の内政干渉はオスマン帝国の崩壊を招くとして反対した。これらの議題を中心に激しい討論の末、会議は何らの結論に到達することなく終了した。

第一回青年トルコ人会議の終了後、青年トルコ人運動は大きく二つに分裂した。主催者のサバハッティン・ベイたちの「地方分権主義派」とアフメト・ルザらの「中央集権主義派」が対立したままであった。

アフメト・ルザらは会議では少数派であったが、パリを拠点に統一と進歩委員会をまとめて、ムスリムを中心としたスルタン統治のオスマン帝国の維持を主張する「中央集権派」として活動を続けた。

サバハッティン・ベイは「地方分権派」として武装蜂起を支持した。イスマイル・ケマルと協調し、トリポリの軍司令官レジェップ・パシャのテキルダアでの蜂起計画をイスタンブルへの変更を提案した。マルタ島で会談し、軍事面をレジェップ・パシャが、財政面をサバハッティン・ベイが担当することになった。サバハッティン・ベイはイスタンブル上陸蜂起計画に、イギリスのみ代償を得る条件で、イギリスの支援獲得に成功した。しかし、マフムト・パシャがナポリからブリュッセルに移ったのち、再び病をえて逝去したことから、イスマイル・ケマルが「地方分権派」の実権を握ろうとして、エジプトのヘディヴ、アッバス・ヒルミ・パシャに彼個人への援助を要請した。これを知ったレジェップ・パシャが武装蜂起計画を中止したため、「地方分権派」の政府転覆計画は頓挫した。なお、レジェップ・パシャは、一九〇八年憲法復活による内閣改造で軍事大臣として入閣したが、着任直後の執務中に死去した。

イスマイル・ケマルはエジプトへの秘密の訪問の帰途、偶然にサバハッティン・ベイとナポリで遭遇し、ヘディヴと対立するサバハッティン・ベイと袂《たもと》を分かった。イスマイル・ケマルは「地方分権派」と離れアルバニア人の独立をめざす独自の活動をすすめ、ギリシア国王と接触し支援の要請をするなどしたが、「中央集権派」のアフメト・ルザらがエジプトへディヴと接触する機会をとらえ統一と進歩委員会に加入した。彼は、一九〇八年憲法復活の折エジプトから帰国し、ベラト選出の国会議員となったが、一九一二年のアルバニア独立に伴い、アルバニアに移り、大統領となった。

海外の青年トルコ人運動は、アブドュルハミド二世に大きな打撃を与えるような運動は打ち出せなかった。中央集権派と地方分権派の活動と対立は続いたが、青年トルコ人運動として合同の活動を目指して、一九〇六年、第二回青年トルコ人会議が開催された。サバハッティン・ベイが中心となって第一回と同様に各民族の代表が結集した。積極的ではなかったがアフメト・ルザも参加した。この会議でも、アブドュルハミド二世の専制政治を打倒する目標は確認されたが、運動方針の一致には至らなかった。

第二回の会議に創始メンバーのうち、サンレモで客死したイスハク・シュキュティとリビアに残ったメフメト・レシトは参加できなかったが、イブラヒム・テモとアブドゥラッフ・ジェヴデトは参加した。イブラヒム・テモは、青年トルコ人会議に二回とも参加している。イブラヒム・テモは、ルーマニアに亡命後ドナウ川の河口地帯のコンスタンツァで医療活動をおこない、一九〇六年の青年トルコ人会議に参加すべくパリに赴き、旧友たちと会見している。憲法復活後、帰国して活動をおこなったが、新しい統一と進歩委員会は彼を受け入れず、ジェマルは創設期と現在の組織は異なるものであるとして、イブラヒム・テモらを排除した。このため、自由委員会を創設したがさまざまな妨害工作により活動の継続は不可能として、ルーマニアに帰った。そして、ルーマニアに帰化し、上院議員としてルーマニアのトルコ人の権利のために努力した。統一と進歩委員会に関する多くの資料を残し、トルコ共和国成立後の文化大臣に手紙を送りこれらの資料を提供するとの申し出をしたが、丁重に断られた。トルコ共和国と統一と進歩委員会の関係が複雑に絡んでいたことが原因であろう。イブラヒム・テモの死後、これらすべての資料とルーマニア在住の遺族をアルバニア政府が受け入れ、資料はチラナのアルバニア国立公文書館に保存され閲覧に供されている。イブラヒム・テモはルーマニアで上院議員となったが、国際赤十字社の一員としてイスタンブルにも訪れ医療活動をおこなっている。

❖統一と進歩委員会とオスマン自由委員会の合流

一九〇六年に、オスマン帝国のマケドニアの中心地サロニカの第三軍関係者の知識人が集合して、アブドュルハミド二世の専制政治に反対するオスマン自由委員会を組織した。呼びかけ人は陸軍幼年学校校長ブルサ出身のターヒルであった。メンバーは同校のフランス語教師ナキ、ラフミ、第三軍司令部副官キャーズム・ナミ大尉、イスマイル・ハク・バハ、エディプ・セルベト大尉、イスマイル・ジャンボラト、タラート、ミドハト・シュキュリュの九人であった。彼らは活動を当局から隠蔽するため、ユダヤ教徒のエマヌエル・カラスの主宰するフリーメイソンのロッジを利用した。オスマン自由委員会は、パリで統一と進歩委員会の名を進歩と統一委員会と変えて活動していたアフメト・ルザと連絡を取った。アフメト・ルザは統一と進歩委員会の名称を、統一よりも進歩を優先すべきと考え、進歩と統一委員会と変更して、新しい印章を作り、創始者イブラヒム・テモなど各地のメンバーに伝達していた。

アフメト・ルザの指示を受けたサロニカ出身のナーズムが、パリからギリシア経由でサロニカに派遣された。サロニカにおける会談で、ナーズムのオスマン自由委員会が進歩と統一委員会と改称する条件を受け入れ、両組織の合併が決まった。この結果、国内の活動は進歩と統一委員会サロニカ本部に、国外の活動はパリ本部に拠点を置く新しい進歩と統一委員会体制ができた。これがオスマン帝国内では旧名の統一と進歩委員会の活動復活として認識され、同調者を増大させたが、文書ではしばらくは進歩と統一委員会の名称が使われた。サロニカ本部の活動は、第三軍の士官学校出身将校の間に拡大した。トルコ共和国大統領となったムスタファ・ケマル・アタチュルクも、第三軍に異動後、自らダマスカスで創設した祖国と自由委員会をマケドニアで継続する計画を断念し、サロニカ本部に加入した。

その後マナストゥルにも本部が結成された。マナストゥルは、第三軍のブルガリア人ゲリラ掃討作戦の最前線であり、アブドュルハミド二世のバルカン政策に不満を持つものが多く、マナストゥル本部の指揮者は騎兵中佐のサドクであった。一九〇八年マナストゥル本部は、憲法の復活を要求してレスネの部隊に所属するアルバニア人ニヤーズィ上級大尉に武装蜂起を命じた。ニヤーズィは二〇〇人の同志とともに金曜日の礼拝の時間を利用して武装して山岳地帯に立てこもり、アブドュルハミド二世の憲法復活を要求する電報を送った。アブドュルハミド二世は信頼するアルバニア人将軍のシェムシ・パシャをニヤーズィの蜂起鎮圧に派遣したが、ユルドゥズ宮殿への報告電報を打電した直後、マナストゥル電報局前で暗殺された。ほとんどすべての第三軍将校がアブドュルハミド二世への不服従、武装蜂起支持であり、マナストゥル、サロニカなどバルカン半島のオスマン軍は、イスタンブル中央の統率を離れた。アブドュルハミド二世は腹心のタタール・オスマン・パシャをイスタンブルから派遣し、アナトリアから新たな援軍を送った。しかし、ニヤーズィの蜂起の鎮圧を命じられたエユップ・サブリ上級大尉が命令に反して、蜂起軍と合流して国民軍を結成した。

アブドュルハミド二世は、七月二二日に大宰相フェリト・パシャを更迭し、新たに長年の側近サイト・パシャを任命し、同時に大宰相経験者であるキャミル・パシャも閣僚に任命した。さらに軍総司令官ルザ・パシャに代えて陸軍大臣の称号でオメル・ルシュテュ・パシャを任命

マケドニアの青年トルコ人　アフロ提供

した。オスマン現体制ではマケドニアの事態を抑え切れないことを認めたものである。

一方、同じ日の夕刻、国民軍はマナストゥルに下りて、暗殺されたシェムシ・パシャの代わりに送り込んだオスマン・パシャをマナストゥルの兵営内で拘束して山岳地帯に客分として連行した。

七月二三日木曜日正午に、マナストゥルの兵営前の広場で、統一と進歩委員会マナストゥル本部によって、憲法の朗読による立憲体制復活が宣言された。これがマケドニア各地に報ぜられ、サロニカ、プレシュオヴァ、キョプリュリュ、ウスキュップ、セレズなどの各都市で同様な憲法復活宣言がなされた。サロニカでは、町に人があふれ、民族を問わず憲法の復活を喜んだと伝えられた。これにより、アブドュルハミド二世の専制政治に反対するニヤーズィの武装蜂起は成功したと考えられる。

一九〇八年七月二三日から二四日にかけて、アブドュルハミド二世は、各州の知事に対して庶民院の選挙の実施を命じる勅令を電報で伝達し、二四日の官報に掲載し、憲法の復活宣言を容認した。西暦の七月二三日から二四日にかけてとされるが、当時のアラ・トルコと呼ばれるオスマン朝の暦法では、一日は日の出で始まった。このため二三日の夜間の出来事は、現在の暦では午前〇時を挟んで二日間にわたるので、このように表現される。アブドュルハミド二世は、翌日に発表する議会の召集の素早い対応から、事前に準備したと考えられる。

2　第二次立憲体制

❖憲法の復活

アブドュルハミド二世が、憲法の復活を認めたことにより第二次立憲体制が開始された。憲法復活を求める青年トルコ人運動は、「立憲体制は与えられるものではなく、獲得するものである」とのスローガンを達成した。憲法では、国会は元老院と庶民院で構成される。元老院の議員は終身身分であったが、庶民院は解散されて議員は召集されずに閉鎖されていたため、各州知事に庶民院議員の選挙開始の勅令が発せられた。なお、イスタンブル市は政府直轄地であるため地方議会が存在せず、イスタンブル市の庶民院議員は制限直接選挙によって選出された。

アブドュルハミド二世の専制政治期間中は、議会以外の憲法に基づく諸機関は、大宰相府はじめ各官庁は業務を続けていた。外見的に憲法体制は庶民院のみの欠如であったが、専制政治では憲法の重要な柱であった諸権利の保障は壊滅状態であった。

1908年、イスタンブルで起こったデモンストレーション

第二次立憲体制は、アブドゥルハミド二世の庶民院議員選出の開始を命じる勅令と同時に経緯について布告が発せられ、憲法で保障する諸権利の制限撤廃、すなわち自由の保障が述べられた。一般的には、自由の復活が重要視されており、第二次立憲体制の成立は、「自由の宣言」と名づけられており、「青年トルコ人革命」や「憲法の復活」の語は、内容的に一致しない。青年トルコ人革命は、革命というほどに体制は変化しておらず、一八七六年の体制に戻る意味からも妥当ではない。また憲法の復活は、アブドゥルハミド二世自身が専制政治中に「休止」と述べていたごとく、多くの憲法上の機関は継続しており、復活という言葉が過大すぎると思われる。

「自由の宣言」は、長く閉塞感を与えていた自由への抑圧に抵抗する憲法に規定された諸権利回復運動の結果であり、運動の担い手が政権を担当することや新たな体制を樹立する方向性は持たなかった。彼らが獲得した体制は、四〇年近く前の体制であり、第二次立憲体制とすることが妥当であろう。

自由に関しては、大きな変化は見られないことから、再び獲得されたことには意義がある。

自由の宣言により、憲法の復活を求めた運動家たちのほとんどを占める士官学校出身の将校たちは、「政治は、政治家に任せ我々は軍務に専念する。しかし、政治が危機に陥った時は介入する」と考え軍務に復帰した。例えば、トルコ共和国の初代大統領となったムスタファ・ケマルらは直ちに軍務に復帰した。しかし、統一と進歩委員会サロニカ本部の構成員の一部将校は民間人とともに政治介入を計画した。

七月二四日にイスタンブルで大宰相府による憲法復活が宣言され、大衆への憲法の周知が図られた。一方、イスタンブルに潜伏していた青年トルコ人運動家によって組織された威示行進や憲法擁護宣誓行動などがおこなわれた。翌日、イスタンブル駐在の外国使節が大宰相府を訪れ大宰相および外務大臣に祝賀の挨拶を行った。官製デモである民衆の集団が「ヤシャスン・ヒュリエト！　ヤシャスン・パディシャー！（自由万歳、スルタン万歳）」と叫びながら大宰相府や各官庁に祝賀の行進をおこなった。

出版物への検閲が廃止され、以後出版を停止されていた新聞が再発行され、ヨーロッパやエジプトなどに出版の拠点を移していた新聞が復活されて、世論の政府に対する攻勢が始まったが、政府の対応は検閲担当者の罷免であった。政治犯の恩赦の宣告や密告制度の廃止も電報で各州、各県の官署に通告された。これらは憲法復活による、自由の宣言の実質的な始まりであった。

八月に憲法復活直前に大宰相になったサイト・パシャは、世論の政府批判を回避するため、内閣を改造した。憲法復活直前のサイト・パシャ大宰相就任時は陸軍大臣以外は留任した。大宰相サイト・パシャは、憲法に基づく責任内閣制に耐えうる内閣を想定し、不評な大臣を更迭した。しかし、アブドュルハミド二世は、一八七六年の即位時のクーデタを想定して、自身の安全を確保すべく、スルタンの統帥権による陸・海軍大臣の任命権を要求し、信頼する陸軍大臣のオメル・レジェプ・パシャと海軍大臣ハサン・ラフミ・パシャの留任を求めた。新内閣は、八月二日アブドュルハミド二世に謁見し宣誓した。憲法に基づいて再び官僚政治家中心の政府が成立し、スルタンの政府から大宰相の政府へと代わったことを意味した。

憲法復活にともなう立憲体制は、一八七六年代の体制の復活であり、スルタン権力の制限、内閣の権力拡大が大きな柱であった新オスマン人運動の高級官僚政治家の成果であった。しかし、憲法復活の運動は、高級官僚政治家ではなく、若年の知識人や青年将校であった。アブドュルハミド二世の専制政治により高級官僚政治家は押さえ込まれ憲法復活に加担しなかった。

憲法復活後、権力の座を求めたのは高級官僚政治家であった。これに対抗して権力保持を画策したアブドュルハミド二世は、憲法復活を実力で達成した勢力の統一と進歩委員会を協力者に選んだ。この結果、明確に区分できないが、スルタン、アブドュルハミド二世とサイト・パ

サイト・パシャ

シャなどの高級官僚政治家、そして統一と進歩委員会などの新興知識人や青年将校の勢力が鼎立関係となった。
統一と進歩委員会サロニカ本部の幹部たちは、軍人を含めて政治介入を模索した。ところがオスマン政府は、官僚政治家によって構成されており、官僚の階級を職階の基本としており、パシャの称号を持つ大臣階級や将官によって政府は運営されていた。統一と進歩委員会の構成員のような下位の軍人や民間人が立ち入る隙はなかった。下級官吏や階級の低い将校であるサロニカ本部のメンバーは、イスタンブルの中央政府と接触する手段はなかった。
マケドニアを構成するサロニカ、マナストゥル、コソヴァの三州を統括する総督であったヒュセイン・ヒルミ・パシャは、統一と進歩委員会と対立し、アブドュルハミド二世に忠誠を続ける数少ないマケドニア駐在高級官僚であり、マケドニアにあって唯一のイスタンブル政府との間に存在する太いパイプであった。統一と進歩委員会サロニカ本部は、イスタンブル政府との接触を、敵対するヒュセイン・ヒルミ・パシャに委ねることにした。屈辱的であったと回顧される事態であったが、ヒュセイン・ヒルミ・パシャにイスタンブル政府や宮廷官房との接触を依頼した。彼は、この要望に応じてイスタンブル政府と交渉し、アブドュルハミド二世や大宰相サイト・パシャと統一と進歩委員会メンバーが会見できるよう図った。その後、統一と進歩委員会はヒュセイン・ヒルミ・パシャをオスマン政府高級官僚の唯一の友好的人物として利用した。ヒュセイン・ヒルミ・パシャは、大宰相に二回就いたが、統一と進歩委員会との関係は不安定であり、実質的統一と進歩委員会政府ができると、長くウィーン大使の地位に留められ、生涯帰国することはできなかった。

統一と進歩委員会サロニカ本部の幹部たち、参謀少佐ジェマル、同じく参謀少佐イスマイル・ハック、文官のネジプ、タラート、ラフミ、ジャビト、ヒュセインの七名がサロニカから鉄道でイスタンブルのシルケジ駅に到着したが、無名の少佐や郵便局員には誰も関心を示さなかった。

代表団のうちジェマルと三人の同行者は午後に大宰相府へ向かい、大宰相サイト・パシャを訪問し四時間にわたる会見を行った。二名はユルドゥズ宮殿に向かい、アブドュルハミド二世の謁見を許された。アブドュルハミド二世は、彼らに対して「すべての国民的戦士は『進歩と統一委員会』構成員である。私も指導者の一人である。共同して行動し、祖国を救済しよう」と述べている。アブドュルハミド二世の認識からすれば、憲法復活運動をしている青年トルコ人運動を指しているると思われるが、当時の統一と進歩委員会の名称である進歩と統一委員会の名称を出している。アブドュルハミド二世としては、官僚政治家を牽制するために新興勢力である統一と進歩委員会との結束工作の始まりであった。

統一と進歩委員会と会見したサイト・パシャは、前日に改造した自ら率いる内閣に問題を抱えていた。海軍大臣ハッサン・ラフミ・パシャの更迭を期待していた海軍士官たちの不満が増大し、海軍省へのデモ行進が敢行され、海軍大臣罷免へと発展した。憲法回復の原動力となった軍人の意向が政府に強く影響力を与え始めた。この外部の圧力に屈して大臣を罷免した大宰相の対応に対して閣内から反発が起こり、外務、内務、司法および最高評議会議長の主要閣僚が辞任した。大宰相サイト・パシャは、アブドュルハミド二世に辞表を提出、慰留もなく受理された。サイト・パシャは、有能な官僚政治家ではあったが、好ましい人物と考えていなかったと、アブドュルハミド二世の娘の回顧録には書かれているが、アブドュルハミド二世の即位前からの側近であり、七回も大宰相に任じた。しかし、サイト・パシャは、憲法復活に伴って権力志向を鮮明にし、アブドュルハミド二世に反発していたと思われる。以後、サイト・パシャは、アブドュルハミド二世と対立を鮮明にさせていく。

❖キャミル・パシャ内閣

サイト・パシャ辞任の翌日、アブドュルハミド二世は、大宰相にキャミル・パシャを任命した。アブドュルハミド二世は、憲法復活直前に成立したサイト・パシャ内閣に、キャミル・パシャを無任所大臣に入れたことから、この二人の大宰相経験者を憲法復活後の大宰相と考えたと思われる。キャミル・パシャは、イギリス政府の政策に友好的であったことから、外交的に安定した政府を可能とすると考えられた。キャミル・パシャ自身も、イギリスの保護を受けているという自負から、アブドュルハミド二世の意向を尊重し、確執を避けていた。これに呼応してイギリス政府は新たなイスタンブル駐在大使にサー・ローサーを任命し、着任にあたって、イスタンブルでは官民上げて盛大に歓迎した。政府だけでなく、民衆の間にもイギリスへの期待が高まっていた。キャミル・パシャの大宰相就任と同じ日にイギリス新大使サー・ローサーはスルタンに信任状を奉呈した。

キャミル・パシャ

陸・海軍大臣の任命権はスルタンにあるとの統帥権問題においては、サイト・パシャは憲法を盾に抵抗したが、キャミル・パシャはアブドュルハミド二世との対立を回避し、陸軍大臣にはリビアの知事兼トリポリ駐屯軍司令官レジェップ・パシャを、海軍大臣には、艦隊司令長官アリフ・パシャを任命した。陸軍大臣のレジェップ・パシャは、かつて、サバハッティン・ベイのイスタンブル蜂起計画に参画していたアルバニア人将軍であったが、アブドュルハミド二世は任命に反対せず、むしろ賛成の立場であった。しかし、レジェップ・パシャは、任地のトリポリを離れイスタンブルに到着するまで日数がかかったため、職務代理は工廠《こうしょう》大臣大将ルザ・パシャが担当した。レジェップ・パシャはイスタンブル到着後直ちに大宰相とニシャンタシュの邸宅で会見し、バヤジットの陸軍省において業務を開始し、午後には大宰相府での閣議に出席した。その後、アブドュルハミド二世は、レジェップ・パシャを接見した。翌日、レジェップ・パシャは陸軍省の執務室机の前で亡くなった。死因は不明であった。陸軍大臣代理には、歩兵局長オスマン・ニザミ・パシャが当たった。

キャミル・パシャ内閣のその他の閣僚は、外務大臣にはテヴフィキ・パシャが、司法大臣にはハッサン・フェフミ・パシャが、文部大臣にハク・ベイが留任し、国家評議会議長には森林鉱山農務大臣の横滑り、内務大臣にレシト・アキフ・パシャ、財務大臣にはズィヤ・パシャの返り咲き、森林鉱山農務大臣には国家評議会委員マヴロコルダト・エフェンディが就任した。

イスタンブルの政治勢力として台頭する統一と進歩委員会に圧力を受けたアブドュルハミド二世は、スルタン府の文書の最高責任者であった書記官長タフシン・パシャを罷免し、後任には書記官のアリ・ジェヴァト・ベイを書記官次官に任命、五日後に書記官長に任命した。タフシン・パシャの個人的評価はまじめな官僚であったとされたが、アブドュルハミド二世の専制政治を支える文書の作成・署名者であったため、アブドュルハミド二世の専制政治の責任をすべて負った罷免であった。

スルタン府に対する圧力は、アブドュルハミド二世の命令の出所である書記官局だけでなく、ヤヴェル・ヒュマユンの称号を持つスルタン府侍従武官職にも向かった。給与も優遇された特権的武官は、オスマン軍の多くの下級将校や兵士に不満を持たれていた。侍従武官ラグプ・パシャの罷免に続いて、侍従武官ファイクと大宰相府侍従長中将ジェマル・パシャ、軍法会議議長大将レシット・パシャが罷免された。ユルドゥズ宮殿の侍従武官の大将、中将、少将、大佐、中佐、少佐、上級大尉の階級の六四人が、スルタン府から陸軍省に異動させられた。タニン紙は三九〇人の侍従武官の内三〇人を残して、すべてがスルタン府から追放されたと報じた。

各地の知事についても罷免が相次ぎ、ヒジャズ知事アフメト・ラテップ・パシャ、エルズルム知事アブドュルヴァハプ・パシャ、トラブゾン知事代理フェリット、カスタモヌ知事イスマイル・フアド・パシャ、アダナ知事スレイマン・バフリ・パシャが更迭された。

キャミル・パシャは、大宰相就任の翌日に、専制政治の関係者を拘束し、陸軍省に連行したことが新聞で公表され、拘束者は元軍総司令官ルザ・パシャ、元工廠長官ゼキ・パシャ、元内務大臣メンドゥフ・パシャ、元海軍大臣ハサン・ラフミ・パシャ、スルタン府書記長官タフシン・パシャ、スルタン府長官ラグプ・パシャらであった。

陸軍大臣レジェップ・パシャのイスタンブル到着の日には、軍の指揮官の更迭があった。第一軍司令官には大将メフメト・ムフタル・パシャ、総参謀長にはイェーメン第一四師団長中将フェリキ・パシャ、副参謀長にはシヴァスに流されていた准将サリフ・パシャ、参謀本部次官にはフェリキ・ペルテヴ・パシャ、第二軍元帥職にヒジャズ鉄道建設大臣アリ・ルザ・パシャ、第四軍元帥職に参謀元帥アブドゥッラフ・パシャ、第五軍司令官にはエルジンジャンから異動した中将ナーズム・パシャがそれぞれ任命された。マナストゥルに派遣され、ニヤーズィらによって山岳地帯に連行された元帥タタール・オスマン・パシャが第六軍司令官に任命された。

八月末にアブドゥルハミド二世はスルタン後継者である弟のレシャト（後のメフメト五世）とユルドゥズ宮殿で一九年ぶりに会見した。後継者はアブドゥルハミド二世の反対勢力との接触を避けるため、幽閉されていた。アブドゥルハミド二世は、立場が不安定になったため、レシャトの動向を知るために会見したのであろう。

アブドゥルハミド二世の誕生日祝賀会がユルドゥズ宮殿で催され、統一と進歩委員会から医師バハッティン、参謀少佐ハックおよびタラートが参加し、タラートが祝詞を述べた。外務大臣テヴフィック・パシャはアヤズパシャにある私邸に外国使節を招待して、スルタンの誕生日の祝賀会を開催し、大宰相も公式に出席した。

❖ブルガリアの独立

ブルガリア自治公国のイスタンブル駐在弁務官のゲショフ・エフェンディは、アブドュルハミド二世の誕生日祝賀会に外国使節の一人として扱われず、招待されなかった。このため、翌日イスタンブルを発ってソフィヤに帰国した。この、オスマン政府のブルガリア駐在弁務官への対応に激怒したブルガリア自治公および東ルメリー州知事であるフェルディナンド公は、トゥルノヴァで自らブルガリア王を名乗って、ブルガリア王国の独立を宣言し、アブドュルハミド二世に電報で伝達した。オスマン政府は、大宰相の名をもって、ベルリン議定書に署名した各国の承認がなければ、独立は無効と宣言した。さらに、その翌日オーストリアはボスニア・ヘルツェゴビナの併合を大宰相府へ伝達した。オスマン政府は、何ら対応策をおこなうこともなく、ブルガリアの独立とボスニア・ヘルツェゴビナの喪失を黙認した。

❖キャミル・パシャ内閣の混迷

一一月、キャミル・パシャは大幅な内閣改造をおこなった。国家評議会議長のテヴフィキ・パシャ、文部大臣のエクレム・ベイの辞任にともなうものであった。国家評議会議長には、司法大臣のハサン・フェフミ・パシャ、内務大臣にルメリー総督ヒュセイン・ヒルミ・パシャ、司法大臣に、マニヤスザーデ・レフィキ、文部大臣に内務大臣ハック・ベイを任命した。ヒュセイン・ヒルミ・パシャの担当したルメリー総督職と元帥職の第三軍司令官にコッソヴァ州知事マフムト・シェヴケト・パシャ大将が任命された。

ヒュセイン・ヒルミ・パシャの入閣は、統一と進歩委員会によるキャミル・パシャへの圧力の成果であったと考えられる。ヒュセイン・ヒルミ・パシャ自身は統一と進歩委員会とは密接な関係を持っているとは公言しておらず、実際無関係であったといえる。しかし、統一と進歩委員会はイスタンブルの政府内に頼るべき人材がいなかったことから、唯一の面識のあったヒュセイン・ヒルミ・パシャを利用したと考えられる。庶民院議員にイスタンブルから選出されたマニヤスザーデ・レフィキが入閣したが、彼は統一と進歩委員会の関係者と見ることができる。イスタンブルの政治世界に全く橋頭堡《きょうとうほ》を持っていなかった統一と進歩委員会は、行政府にヒュセイン・ヒルミ・パシャを送り込むことに成功した。一方で統一と進歩委員会は、イスタンブルで影響力の大きな勢力となるために庶民院の議員確保を考えていた。庶民院議員は各州議会からの間接選挙であった。このため、統一と進歩委員会の影響の強い州では議員を容易に確保し得た。また、選出議員の多くが統一と進歩委員会のこれまでの活動を肯定的に評価し、同調する者が多くいた。

統一と進歩委員会のイスタンブル活動基盤は専制政治期にはほぼ壊滅状態であったため、サロニカから来たメンバーの活動を容易にするため、軍事力を利用した。アブドュルハミド二世のアラブ人・アルバニア人からなる第二師団は、ユルドゥズ宮殿の警護だけでなく、イスタンブル民衆に対する圧力として有効に作用していた。統一と進歩委員会はこの第二師団に代えて、自身の警護ばかりでなく、スルタンや政府およびイスタンブル市民への圧力として「憲法擁護部隊」をイスタンブルに配備した。この部隊は、統一と進歩委員会が拠点としていたマケドニア第三軍の精鋭部隊である狙撃大隊であった。第四狙撃大隊が、サロニカから船でイスタンブルに到着し式典の後タシュクシュラ兵営に駐屯した。タシュクシュラ兵営に残留する第二師団のアラブ人部隊の二個大隊は兵営の一角に隔離された。統一と進歩委員会は憲法擁護部隊の軍事力をもってイスタンブルにおける優位性を確立した。第三狙撃大隊もタシュクシュラ兵営に入り、イスタンブルの憲法擁護部隊は、トプカプ兵営、ジャヴィト・パシャ兵営に駐屯する二個大隊とあわせて合計四個大隊から構成された。

❖国会（元老院・庶民院）の開催

一二月十七日、元老院、庶民院両院で構成される国会が開会した。スルタンアフメトにある庶民院議会の開会にはアブドュルハミド二世が臨席し、スルタン府書記官長のアリ・ジェヴァトが開会布告文を代読した。元老院は、前日に議員名簿が発表され、三名の旧議会議員のほか新たに三九名の終身の元老院議員が生まれた。新元老院議員にはミドハト・パシャの息子アリ・ハイダルやビザンツ貴族の末であるマヴロコルダト・エフェンディやアルメニア人のガブリエル・ナロドキヤン・エフェンディもあった。

庶民院の開会後、議長にイスタンブル選出アフメト・ルザが、第一副議長にはエディルネ選出タラートが、第二副議長にはイズミル選出アリスティディ・パシャが選ばれ、スルタンの承認を受けた。庶民院は統一と進歩委員会のパリ本部、サロニカ本部の有力者が議長・副議長となり、第二副議長はキリスト教徒に配分された。

国会、特に庶民院が活動を始めると、オスマン政治における大宰相府の権力が弱まり、議会が強くなり、キャミル・パシャ内閣と議会の対立が顕在化した。キャミル・パシャ内閣の提出した出版・印刷法に反対する集団が、アヤ・ソフィヤ・モスクの隣にある庶民院議会堂を囲み、出版・印刷法を通過させないよう要求した。立法権をもつ庶民院が大衆動員を背景にオスマン政治に影響力を持ち始めたことを示している。

エルガニ選出議員のニヤーズィが、過去のアブドュルハミド二世への密告書の提出を理由に、議会から追放された。庶民院はアブドュルハミド二世との対立が明確となった。

統一と進歩委員会は、庶民院内に選出議員をもって政党を結成し、「統一と進歩委員会政治党」と名付けた。あくまでも議会内での活動の集団名で、統一と進歩委員会が政党となったわけでなく、統一と進歩委員会の一政治部門の扱いであった。

議会内では、地方からの議員が集合する動きが見られた。政党ではなかったが、政策検討集団と考えられる。六〇人ほどのアラブ人議員が、アレッポ選出議員ナフィー・パシャを中心に集会をおこなったが、政党の結成の合意には至らず、後に「オスマン中庸党」と名乗ったが、政党行動はとらなかった。また、アルメニア人は各地からイスタンブルに上京した議員を集め、庶民院での審議について毎週の会議を決定した。

大宰相キャミル・パシャは、旧来の権威を保ち、アブドュルハミド二世からの保障、イギリスの支援、および一部の民衆の支持を背景に行動した。統一と進歩委員会と対立は、統一と進歩委員会に同調する閣僚との摩擦が生じ、辞任が相次いだ。

キャミル・パシャは、アブドュルハミド二世の承認を受けて、ガージー・アフメト・ムフタル・パシャが自由の宣言により独断でイスタンブルに帰還していたエジプト高等弁務官の職に陸軍大臣アリ・ルザ・パシャを任命し、後任に第二軍司令官中将ナーズム・パシャを大将に昇進させて任命した。海軍大臣アリフ・ヒクメット・パシャを罷免して、次官の海軍大将ヒュニュス・パシャを充て、また文部大臣にズィヤ・パシャを任命した。しかし、庶民院は陸・海軍大臣の更迭は憲法上問題があると、大宰相の議会での説明を求めた。キャミル・パシャは閣僚の任命は大宰相の専決事項として、庶民院の招請を拒否した。このため、内務大臣ヒュセイン・ヒルミ・パシャと司法大臣、シェイフルイスラムのジェマレッディン・エフェンディ、大蔵大臣、国家評議会議長ハッサン・フェフミ・パシャがつぎつぎと辞任した。キャミル・パシャは、任命したばかりの文部大臣ズィヤ・パシャを内務大臣兼任とするなどの補充人事をおこなった。

キャミル・パシャは、統一と進歩委員会の親衛隊的存在の狙撃大隊を第三軍の原隊への復帰を決定した。また、統一と進歩委員会が密かにアブドュルハミド二世を廃位させ、後任にアブドュルアジズの息子のユスフ・イゼッティン・エフェンディを推挙する流言が広まった。

統一と進歩委員会の影響の強い庶民院では、狙撃大隊の原隊復帰の件とスルタン廃位の件について議会の開会を決定した。議会ではキャミル・パシャの出席拒否や更迭された陸・海軍大臣の書簡などが報告された。この結果、議会はキャミル・パシャ内閣の不信任を決議、内閣は総辞職した。キャミル・パシャの政権復帰を要求するイスタンブル民衆の集会が開かれた。

❖ヒュセイン・ヒルミ・パシャ内閣

ヒュセイン・ヒルミ・パシャが、大宰相に任命された。閣僚は留任を原則としてキャミル・パシャ内閣の閣僚が任命されたが、シェイフルイスラムには、アブドュルハミド二世の庇護をうけ長く任務にあったジェマレッディン・エフェンディに代えて、シェイフルイスラム庁の第二位のルメリーのカズアスケリ、ズイェッティン・エフェンディが任命された。陸軍大臣には、アリ・ルザ・パシャが再任命された。前陸軍大臣ナーズム・パシャは、統一と進歩委員会との関連を一切否定した。アリ・ルザ・パシャが異動を予定されたエジプト高等弁務官には、アイドゥン州知事のラウフ・パシャが任命された。外務大臣には、新たにロンドン駐在大使リファット・パシャが任命されたが、着任までの代理は前外務大臣テヴフィキ・パシャが拒否したため、アルメニア人の運輸大臣のガブリエル・ナロドキヤンの兼任とした。大宰相ヒュセイン・ヒルミ・パシャは、庶民院において政府の施政方針演説をおこなった。大蔵大臣ズィヤ・パシャが辞任し、後任には徴税局長官リファト・ベイが任命された。空席であった第二軍司令官に総参謀本部副参謀長少将サリフ・パシャを任命した。

ヒュセイン・ヒルミ・パシャ

イスタンブル選出庶民院議員で司法大臣のマニヤスザーデ・レフィキが病死し、補欠選挙が実施された。選挙結果は、統一と進歩委員会の推薦の外務大臣のリファット・パシャが第二回投票の五〇〇票のうち二八一票を獲得し当選した。次点は自由党のアリ・ケマルであった。司法大臣は元ヤンヤ州知事ナーズム・パシャが任命された。

統一と進歩委員会の将校たちの意見を汲んでオスマン軍の改革が、新しい軍服の制定など進められた。もっとも重要なものは、兵士から昇進して指揮官となったアライル・スバイの識字率の問題であった。アライル・スバイに読み書きができないものが多数あり、新たなる武器の投入に当たって解説書の読めない指揮官があった。オスマン軍は、将校など指揮官の充実を求め、読み書きのできない下士官・将校を退役させ、陸軍士官学校出身者で充足できない定員に、学費や兵役が免除される過剰に多数の神学校の学生ソフタに試験を課し成績が不十分なものを、軍に招集して将校教育をおこなう計画を発表した。しかしアライル・スバイやソフタは反発し、各方面に抗議の行動が発生した。神学校の学生がバヤジト広場で集会を開き、神学校の試験制度の改正に抗議し、白紙撤回を要求した。陸軍大臣はこれを抑えるため、軍人の政治結社への参加や一般的集会での演説を禁止する命令を発し、『イクダム』紙が掲載した。

一方、統一と進歩委員会の政治的立場が強力となったとの判断から、統一と進歩委員会の将校が政治経験と地位の向上を目的として、在外公館の武官に派遣され、参謀少佐エンヴェルがベルリン駐在武官に、同じくフェトヒがパリ駐在武官に、同じくハフズ・ハクがウィーン駐在武官に任命された。

❖諸政党・勢力の活動

自由の宣言によって、海外に逃れていた青年トルコ人運動家の多くが帰国し、イスタンブルで新聞の発行を再開するなど活発な政治活動を開始した。統一と進歩委員会サロニカ本部は、イスタンブルに拠点を設け政治活動を始めた。オスマン政府は高位高官のみによって運営されていたため、地位が低い彼らは政府や軍部において高官に友好的人材を頼って発言力を高めていた。しかし、直接的な影響力を行使するため庶民院での多数派工作をおこない、各地から統一と進歩委員会に同調的な議員を選出させた。進歩と統一委員会パリ本部のアフメト・ルザや医師ナーズムも帰国し、統一と進歩委員会と改称し、サロニカ本部とともにイスタンブルで活動をはじめ、アフメト・ルザは庶民院の議員となり議長に選出された。そして、庶民院の議員に限定して政治活動をおこなう統一と進歩委員会政党を成立させた。統一と進歩委員会のメンバーであってもサロニカ本部を基盤とする政党部分と意見を異にする人たちや青年トルコ人運動を展開した人たちを排除する行動に出た。すなわち、旧来の高級官僚や軍人で対立しない部分を糾合し、オスマン政治を担当する方針を選択した。このため統一と進歩委員会メンバーであれ、青年トルコ人運動家であれ意見の対立するものには弾圧を加えた。自由の宣言後、統一と進歩委員会の排他的な方向性により、多くの青年トルコ人運動家のイスタンブルでの活動は極めて困難な状況であった。統一と進歩委員会の活動に対抗して、オスマン自由党、献身的国民委員会、統一ムハンマド党、オスマン統一代表が、庶民院で活動するために政党を結成した。

❖統一と進歩委員会創始者や青年トルコ人の位置

一方、統一と進歩委員会の創始者イブラヒム・テモはルーマニアの支部を結成していたが、イスタンブルに帰国するとサロニカ本部のジェマルなどから、すでに組織は変わったと共同活動を拒否された。しかし、統一と進歩委員会の構成員として活動を継続し、医者としてのベイヨールの病院長など重宝されたが、タラートが内務大臣になると行動に制限が加えられた。

一九一〇年にはアブドゥラッフ・ジェヴデトらと民主党を結成し活動を続けた。イブラヒム・テモは統一と進歩委員会メンバーを放棄することはなかったが、署名なしで統一と進歩委員会批判の記事を書いたが、一方で統一と進歩委員会機関紙に医学関係の記事も書いた。統一と進歩委員会の厳しい圧迫を受け、一九一一年エディルネのコレラ対策を要請されイスタンブルから遠ざけられたため、統一と進歩委員会を見限りエディルネのコレラ終息後、イスタンブルの家族を伴ってルーマニアに移動した。その後、バルカン戦争時、赤十字医療団としてイスタンブルに滞在した。アルバニア王救出のためアルバニアに短期滞在し、第一次世界大戦のパリ講和会議にアルバニア代表団として参加した。一九四五年ルーマニアで亡くなり、膨大な統一と進歩委員会資料がアルバニア公文館に所蔵されている。

アブドゥラッフ・ジェヴデトは、エジプトからイスタンブルに帰国したが統一と進歩委員会と激しく対立し、エジプトに戻り、宗教論を展開したがシェイフルイスラム庁により著書の発刊禁止を受けた。一九一〇年イスタンブルに戻り、イブラヒム・テモと民主党を創立し副代表となった。その後政権と対立を続け、祖国解放戦争後庶民院議員となったが、宗教問題で失脚し、アタチュルクにアンカラに招かれたが、一九三四年に亡くなった。

創立者の一人メフメト・レシトは、一八九七年の大弾圧で、イスタンブルからトリポリに流され、そのまま病院で勤務し、憲法復活に伴い帰国した。一九〇九年に退役し、エーゲ海の島の郡長になり、いくつかの県長を経てディヤルバクルの州知事になった。州知事時代のアルメニア人問題で一九一九年に死刑判決を受けるも自殺した。

一方、プレンス・サバハッティン・ベイはイスタンブルに帰国するも活発な政治活動は控えたが、同じ考えの自由党に深く関与した。三・三一事件で戒厳軍に拘束されたが、母親や戒厳軍司令官マフムト・シェヴケト・パシャの仲介により自由となり、活動を続けた。バルカン戦争時にメフメト五世に反発し、オスマン国家を滅ぼすものと逮捕されたが釈放されパリに逃れた。第一次世界大戦期に帰国し、祖国解放戦争ではアンカラ政府に協力したがトルコ共和国成立後オスマン一家の国外追放によりヨーロッパに亡命した。貧困の亡命生活であり、一九四八年にスイスで亡くなり、イスタンブルのエユップ・スルタンの家族の墓に埋葬された。

国外活動をしていたがアブドュルハミド二世の工作により帰国したミザンジュ・ムラトは、帰国後も政治活動を行ったが、パリ本部と対立した活動家であったため、第二次立憲制下では統一と進歩委員会の圧力を受けた。

ミドハト・パシャの息子アリ・ハイダルもイスタンブルに帰った。彼は統一と進歩委員会とは同調せず独自の生活をしていた。アブドュルハミド二世は彼を呼び出し、外交官にする約束をしたが、外務省で統一と進歩委員会の本部での許可を必要とすると言われたため断念し、統一と進歩委員会の横暴に対して不満を持った。元老院議員に任命されている。

ヨーロッパやエジプトから多くの統一と進歩委員会メンバーや青年トルコ人が帰国した。しかし、第二次立憲制下では統一と進歩委員会の強大化に伴い、海外でパリ本部に協調しなかった活動家は行動を制限された。


憲法の復活による言論出版の自由は、イスタンブルの知識人の間に広く行動を展開させた。自由党の機関紙として『オスマンル』紙が、サバハッティン・ベイの資金援助を受けて再刊し、主筆ハサン・フェフミの『セルベスト（自由）』紙、かつてムラトが発行していた『ミザン』紙の再刊などが政府批判を開始した。

このような状況下で、憲法復活に反対する勢力が台頭し、第二次立憲体制は混乱状態となった。西欧的憲法に抵抗するイスラム勢力である、デルヴィシュ・ヴァフデッティを党首とするムハンマド統一党が結成された。ムハンマド統一党は機関紙『ヴォルカン（火山）』を発刊し、綱領を発表した。ムハンマド統一党の党首デルヴィシュは、大宰相の施政方針演説にある各ミッレトの新法制定について、シェイフルイスラムに対して公開質問を掲載した。シェイフルイスラムは庶民院での説明を拒否したため、デルヴィシュは庶民院議長に対する質問を『ヴォルカン』紙に掲載した。退役を強制された下士官たちは生活の不安定さを憂慮して、ムハンマド統一党に接近した。『ヴォルカン』紙に、第五連隊と署名された元第二師団のアルバニア人兵士の現状を伝え、今後ムハンマド統一党が関与するとの記事を掲載した。その後イスラムを重視するムハンマド統一党のデルヴィシュは、アヤ・ソフィヤ・モスクで、正式発足を宣言し、街頭での行進を行った。

一方、四月六日の夕方、ガラタ橋において、『セルベスト』紙の主筆ハサン・フェフミが、ピストルで撃たれ死亡した。これに対してイスタンブル大学の学生が市内で抗議活動をした後、庶民院前で集会を開いた。政府や統一と進歩委員会への抗議として、ハサン・フェフミの仲間たちによる大規模な告別式がおこなわれた。

庶民院は、統一と進歩委員会の政治活動の本拠地であるとされたが、一方であらゆる政治集団にとって政治的意見を訴える場として認識され、集会がしばしばおこなわれた。このため、様々な意見を表明するために庶民院をめざす人たちは、近接するアヤ・ソフィヤ広場に結集した。

3　三・三一事件

❖下士官・兵士の反乱

三・三一事件は、軍隊の西欧化政策の推進にともなう、軍内の下士官を中心とした兵士を含む不満分子の行動で始まったが、第二次立憲制に大きな闇をもたらした。

一九〇九年四月一三日すなわち、オスマン財務暦三月三一日火曜日未明、イスタンブルのタクシム広場に近いタシュクシュラ兵舎駐屯の第四狙撃大隊の下士官ハムディ軍曹が兵士を率いて武装蜂起した。彼らは、将校を監禁して兵営を出てガラタ橋を渡りシルケジから大宰相府通りを上がりジャーオウルからアンカラ通りを押さえて、アヤ・ソフィヤ広場からバヤジト広場まで一帯を占拠した。この地域は、大宰相府、バヤジト広場前に陸軍省、アヤ・ソフィヤ広場の隣に議事堂があり、オスマン政府の心臓部であった。反乱兵士たちは「シャリーアを要求する」とのスローガンを叫んで、議会を包囲した。彼らの一部は、ムハンマド統一党が、市内を行進した時と同じ緑色の旗を持っていた。彼らは大宰相府近くの統一と進歩委員会の本部の建物を襲撃し、室内を破壊した。反乱の対象を統一と進歩委員会に向けたと認識される。

狙撃大隊は、マケドニアで対ブルガリアゲリラ戦に活躍したオスマン軍の最強第三軍の精鋭部隊であった。復活した憲法を擁護する憲法防衛隊として四個大隊がイスタンブルに送り込まれた。しかし、内実は統一と進歩委員会サロニカ本部のイスタンブルでの政治活動を助ける武力装置であった。反乱したのは第四狙撃大隊のみで、他の三個大隊は行動を起こさず、兵営に留まっていた。

第四狙撃大隊の駐屯したタシュクシュラ兵営にはアブドュルハミドニ世直属の第二師団のアルバニア人やアラブ人がいたが、第四狙撃大隊は統一と進歩委員会に同調する将校の命令によって、武力で追放した。同胞を武力で追い出したわだかまりが第四狙撃大隊の下士官・兵士の間にあった。さらに、将校の多くが夜の歓楽街に出かけ、西欧的文化を享受していたことに、信仰の篤い保守的下士官、兵士は不満を増長していた。また、軍の強化策のため、読み書きのできない多くの下士官は将校への昇進を阻止され、退役を迫られたことに不満を持っていた。下士官たちの不満は西欧化を推進する士官学校出身の将校に向けられた。特に狙撃大隊の所属する第三軍には、ブルガリア人ゲリラ対策の作戦遂行のため、士官学校出身の将校が集中的に配されていた。

狙撃大隊における下士官、兵士の反乱を思想的に支援したのが『ヴォルカン』紙を主宰するデルヴィシュ・ヴァフデッティであった。さらに、神学校の学生ソフタが軍の西欧化のための神学校における試験制度の改正に対して決定の白紙撤回を要求し、イスラムを尊重しない西欧的士官学校出身者の軍からの排除を狙撃大隊の下士官に説得した。第四狙撃大隊の下士官・兵士たちの反乱は憲法の復活によって不利な状況が生まれたとして、ヴォルカン紙やソフタの扇動に呼応したものであった。

❖政府の対応

庶民院が統一と進歩委員会に反対する反乱軍によって包囲されたことを知った、議長アフメト・ルザは直ちに辞任した。ヒュセイン・ヒルミ・パシャは統一と進歩委員会のメンバーではないが大宰相を辞任し、アブドュルハミド二世は後任に元外務大臣のテヴフィキ・パシャを任命した。

反乱兵が包囲する庶民院には、統一と進歩委員会所属でない議員たちが登院した。登院途中の司法大臣ナーズム・パシャとラタキア選出国会議員エミル・メフメト・アルスランが、統一と進歩委員会の議長アフメト・ルザおよびヒュセイン・ジャヒトに似ていたため、混乱の中で反乱兵によって殺害された。

庶民院に登院した八〇名ほどの議員は、定足数を未充足のまま、議長のアフメト・ルザの辞任により、新議長にベラト選出議員のアルバニア人イスマイル・ケマルを選出した。また、政府が機能を有していないことを決議し、代表八名が、ユルドゥズ宮殿に向かいアブドュルハミド二世に報告した。アブドュルハミド二世は書記官長のアリ・ジェヴァトを庶民院に派遣して、反乱兵の平静を求める布告を出して、庶民院前の広場で兵士たちに読み聞かせた。高名なイスラム法学者、ハサン・エフェンディを始め、多くの法学者たちが、庶民院を囲む反乱兵士の要求するシャリーアについて説明し、シャリーアは不滅なものであり、「シャリーアを要求する」とのスローガンはすでに受け入れられていると説得した。しかし、シャリーアが憲法の上に存在することを理解しない反乱兵士たちは「シャリーアを要求する」とのスローガンを叫び、緑の旗を振りながら威示活動を繰り返した。

将校の最初の犠牲者は、ガラタ橋のたもとで反乱兵と遭遇したトラブゾン出身の将校イリヤスであった。反乱兵は将校の軍服の標的に襲撃し、彼は短銃で抵抗したが戦死した。ダヴトパシャ兵舎の騎兵中隊が、陸軍省の門からバヤジト広場に出撃したが、騎兵中隊長ロミロス・イスパタリはギリシア人（ギリシア正教徒）と知れたため、反乱兵に異教徒として銃撃され戦死した。騎兵たちはキリスト教徒に従う不信仰者と罵られ陸軍省に後退した。このため、多くの制服を着た将校は反乱兵と遭遇しないよう行動したと、関係者は当時を回顧している。

武装蜂起した反乱兵士たちは、指揮官のない状態で反乱を起こしたため、行動に秩序は見られなかった。将校の制服を着用したものに「士官学校出身かアライルか」と問い、「アライル」の返答で不問に付した。反乱兵士たちは、頼るものがなかったためスルタンへの忠誠を誇示した。反乱三日目の木曜日に、彼らはユルドゥズ宮殿の前に集まり「パディシャ　チョック　ヤシャ（スルタンに栄光あれ）」と叫んだ。スルタンを象徴的に指導者として求め、反乱兵は自ら士気を鼓舞した。アブドュルハミド二世は窓からこれらの光景を見ていた。さらに反乱に同調した水兵の一部が海軍少佐アリ・カブリをユルドゥズ宮殿前に連行して、アブドュルハミド二世らの制止も聞かず殺害したと側近は述べている。この事件がのちに反乱兵にアブドュルハミド二世が同調したとして廃位の要因の一つとなった。

❖行動軍

三・三一事件発生の報は、イスタンブルの電信線が断絶されたためイスタンブル市内から即刻外部に伝達できなかった。しかし、イスタンブル沖のアダラルの島からは地方への電信線が開いており、事件についてサロニカに伝達された。この報に接したムスタファ・ケマルは、直ちに直属のサロニカ予備師団長ヒュヌス・パシャに、イスタンブルへ反乱を制圧するための部隊の出動を進言し、自ら派遣軍の参謀長となった。ムスタファ・ケマルは前任の鉄道監察官の経験を生かし、鉄道によりムフタル少佐の率いる先遣隊をイスタンブル近郊のチャタルジャに送り司令部を構築した。派遣軍はその後「行動軍」と命名された。ムスタファ・ケマルは、行動軍の突入予定日の前日に、イスタンブルの住民が平静を保つよう布告文を作成・伝達し、行動軍に出動準備を命じた。

しかし、事態の重大性に気が付いた第三軍司令官のマフムト・シェヴケト・パシャは、自ら第二軍部隊も含めた行動軍の指揮官となり、ムスタファ・ケマルを参謀長から解任し、参謀長には帰国したベルリン駐在武官エンヴェル少佐を任命した。四月二四日、マフムト・シェヴケト・パシャは行動軍をイスタンブルに突入させ、全市に戒厳令を発し、自ら戒厳軍司令官になった。

行動軍のイスタンブル突入を知った反乱兵は何らの方策もなく、兵営に戻る動きを見せた。行動軍はタシュクシュラ兵営の第四狙撃大隊の兵士を攻撃した。兵士たちは降伏したが、海峡をわたりセリミエ兵営方面に逃亡するものもあった。反乱軍は明確な指揮者もいない最大規模が数千人の人数であり、行動軍によって容易に鎮圧された。反乱の首謀者や扇動者などは逮捕拘禁され、処刑された。反乱に大きな影響を与えたヴォルカン紙の主筆デルヴィシュ・ヴァフデッティは逮捕され、蜂起関係者とともに戒厳軍によって公開処刑された。

イスタンブルを完全掌握した戒厳軍司令官マフムト・シェヴケト・パシャは、統一と進歩委員会メンバーではなかったが、統一と進歩委員会の有力者である戒厳軍参謀長エンヴェルの行動を容認した。エンヴェルらは、この三・三一事件を利用して統一と進歩委員会に同調しない勢力をイスタンブルの政界から排除しようと考えた。統一と進歩委員会の創始者であるイブラヒム・テモやアブドゥラッフ・ジェヴデトは、エンヴェルら元サロニカ本部の正当性を脅かすものとしてイスタンブルでの活動に圧力を加えた。創始者たちは統一と進歩委員会を離れることはなかったが、「オスマン民主党」を結成し活動した。またプレンス・サバハティン・ベイらも統一と進歩委員会に対抗する政党を結成したが、戒厳軍の圧力で国外に去った。

終章　アブドュルハミド二世の廃位とその後

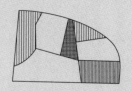

❖国民議会によるあわただしい廃位

三・三一事件が起こると身の危険を感じた統一と進歩委員会に関係する者の多くは身を隠した。統一と進歩委員会に近いとされた大宰相ヒュセイン・ヒルミ・パシャやメンバーの庶民院議長のアフメト・ルザなどは辞任し隠れた。しかし、オスマン政府は大宰相にアフメト・テヴフィキ・パシャが任命され、閣僚はほとんど留任し、機能は存続した。反乱兵に包囲されていたが庶民院議会には議員が登院し、議長の後任にイスマイル・ケマルが選任され、定数の充足は見ないものの機能を継続した。

元老院議長のサイト・パシャと前庶民院議長のアフメト・ルザを中心とした潜伏議員たちはイスタンブルを脱出し、行動軍の司令部ができたイェシルキョイ近くのチャタルジャに集まり、元老院と庶民院と合同の議会を成立させた。これは憲法の定める総議会と言えるものであったが、彼らは国民議会と称した。国民議会は結成時に大宰相府に電報を送り、憲法を擁護し、スルタンの地位の保証を公表した。しかし、国民議会では行動軍のイスタンブル突入前日に、スルタン制は擁護するものの、アブドュルハミド二世に対しては廃位を考えていた。

行動軍司令官マフムト・シェヴケト・パシャは、イスタンブル突入を前に、市内の混乱を避けるため大宰相アフメト・テヴフィキ・パシャに電報を送りスルタン、政府、大宰相の地位を保証した。行動軍はイスタンブルの反乱のみを平定し、事態の安定を図ろうとしていた。

行動軍がイスタンブルに突入し反乱平定を進める中で、チャタルジャで結成された国民議会は、イスタンブルに戻り、元来の元老院や庶民院の議員を糾合して、機能を開始した。一方、統一と進歩委員会の議員は、大宰相に任命権や国軍の統帥権を持つスルタン権力を手に入れるためアブドュルハミド二世を廃位させ、次期スルタン候補レシャトを傀儡《かいらい》スルタンとして擁立することを計画した。

ユルドゥズ宮殿前の海軍士官殺害事件がアブドュルハミド二世の反乱への関与を示すものとして、アブドュルハミド二世の廃位案が国民議会に上程され、審議の結果、廃位が決定された。

国民議会はシェイフルイスラムのメフメト・ズィヤエッディン・エフェンディにアブドュルハミド二世の廃位を宣言するフェトヴァの作成を依頼したが、理由がないと拒否された。統一と進歩委員会のメンバーがシェイフルイスラム局の書記に強引にフェトヴァ文を書かせた。国民議会の代表がユルドゥズ宮殿に赴きアブドュルハミド二世に面会し、作成させたフェトヴァ文による廃位を伝えた。国民議会の代表団の構成は、元老院からラズ人のスルタン侍従武官海軍提督アリフ・ヒクメト・パシャ、アルメニア・カトリック教徒のアラム・エフェンディ、庶民院からアルバニア人ドラティ選出代議員ジャンダルマ少将エサト・トプタニィ・パシャ、サロニカ選出代議員ユダヤ教徒のエマヌエル・カラスであった。この代表団については、イスラム教の最高の地位にあるカリフであり、イスラム国家のオスマン帝国最高の地位であるスルタンの廃位に関与できるかとの議論が今日まで続いている。

代表団が述べた国民はスルタンの廃位を望んでいるとの発言に、アブドュルハミド二世は、私は国民のために働いてきたので、間違いであると異議を唱え抵抗した。しかし、最後に、こうなった上は何も求めないと発言し廃位の要求を受け入れ、条件としてチュラアン宮殿に移ることを望んだ。代表団はこれに答えずに帰った。

その後、戒厳軍からの命令により来たと申告したヒュスニュ・パシャとフェトヒがユルドゥズ宮殿に訪れ、アブドュルハミド二世の

メフメト５世

イスタンブルに留まる要求は受け入れられず、サロニカのアラティン離宮に送られることを通告した。統一と進歩委員会のエンヴェルらがイスタンブルにアブドュルハミド二世が存在することが危険であると考え、戒厳軍参謀長の地位を利用して命令を発したと思われる。ヒュスニュ・パシャとフェトヒは、即時サロニカに移動する命令を伝達した。この命令により、アブドュルハミド二世は、その日の夕刻、わずかな側近とともにユルドゥズ宮殿からサロニカに移動させられた。

一方でメフメト・レシャト・エフェンディが、イスタンブル征服のメフメト二世のごとく強力なオスマン帝国の再来を目指してメフメト五世として即位した。アブドュルハミド二世を廃位させ、サロニカに追放した統一と進歩委員会勢力は、六五歳の新たなスルタンを操り人形のごとく扱いオスマン政治に介入しようと考えていた。

❖サロニカ幽閉

アブドュルハミド二世一行は、列車でサロニカへ移動した。客車はワゴン・リー社（国際寝台車・ヨーロッパ大急行会社）総裁のグロスが使用する目的で作られた豪華客車と付属車両一両によって編成された。同行者は、ムシュフィカ・カドゥン（筆頭イクバル）、その二人の娘シャディエ・スルタンとアイシェ・スルタン、第二イクバルのサズキャル・ハヌム、その娘のレフィア・スルタン、第三イクバルのペイヴェステ・ハヌム、その息子のアブドュルラヒム・エフェンディ、第四イクバルのファトマ・レセンド・ハヌム、第六イクバルのサリハ・ネジエ・ハヌム、その息子のアビデ・エフェンディの一〇名であった。その他の関係者を含めて乗客は三八名であった。

アブドュルハミド二世とイスタンブルから同行したユルドゥズ宮殿で私的生活を補佐する従者たちは、出納担当として出納次席ジュルフェト、出納係のギュルシェンとネヴレスタン、侍従として二等侍従ジェヴヘル・アア、四等侍従セリム・アア、侍従ショフレッディン・アア、執事としてチェルケス・メフメド・パシャ、書記ムフシン、コーヒー長アリ・エフェンディ、従僕として配膳係ストゥクとハック、炊事係ヴェリ・ババとムスタファであった。

移送の責任者は、参謀少佐アリ・フェトヒであり、ユルドゥズ宮殿でアブドュルハミド二世への連絡将校の任にあったことから、移送に関与した。かれはのちにソフィアや、ロンドンで大使を歴任し、トルコ共和国時代に首相を務め、姓名法の制定によりオクヤルを姓とした。彼とともとに護衛将校が任ぜられ、マフムト・シイルト（のちのシイルト選出議員マフムト・ソイダン）、ケル・アリ（のちのアリ・チェティンカヤ議員）、サリフ（当時は中尉、のちアタチュルクの副官を経てヨズガット選出議員のサリフ・ボゾク）などのち大国民議会の議員になるものも含まれていた。

サロニカに送られたアブドュルハミド二世と家族はアラティン離宮に到着した。アラティン離宮は、サロニカの人口の過半数を占めるユダヤ教徒の富豪のアラティニ兄弟が建てた邸宅であったが、直前までマケドニア改革のため招聘されたイタリア人のジャンダルマ司令官ロビラン・パシャ（マルコ・ニコリス・ロビラント、ロビラント将軍）が住んでいたが、イスタンブルからの指令で、ロビラン・パシャに即刻移動することが命じられた。このため、ロビラン・パシャはすべての生活用品を持ち出して転居したため、アラティン離宮には、小さなテーブルと

アラティン離宮

いくつかのひじ掛け椅子、木製のタンスそして二階にはピアノが残されていた。そのほか、床の絨毯もすべて持ち出されて、キリム（薄布）一枚残っておらず、むき出しの木製の床が広がっていた。

アブドュルハミド二世のアラティン離宮宿泊について、イスタンブルから現地へは連絡が不十分であったため、アブドュルハミド二世一行が宿泊するための何の準備もされていなかった。アブドュルハミド二世一行は、サロニカでの最初の夜は部屋にあるもので、床に直に座って一夜を過ごした。この過酷な対応に、アブドュルハミド二世は、抹殺されるのではないかと恐れたといわれる。

その日の夕食は、ユルドゥズ宮殿から同行した調理人によって、錫《すず》の皿にピラフとヨーグルト料理が用意されたが、スプーンもフォークもなかったので手で食べ、そして水はコップがないので手で飲んだとシャディエ・スルタンは述べている。窓を開けることが禁じられていたので蒸し暑い中で、着物を洗濯し、乾くまでそのままで待たなければならなかった。翌日から生活物資が届くようになったが、長期にわたる不自由な生活が始まった。

サロニカにおけるアブドュルハミド二世の生活はアラティン離宮に限定され、外部との接触の制限は、新聞の購読も禁止される厳しい状況であった。サロニカの第三軍司令部が物資の供給などを担当した。アブドュルハミド二世の諸要求は、護衛隊長を通じて第三軍、戒厳軍司令部および政府に伝達された。

護衛隊長はアブドュルハミド二世にとっては、唯一の時の権力との重要な連絡手段であった。その後、フェトヒ参謀少佐が任務から離れたのち、後任護衛隊長に第一四砲兵連隊第一大隊長であったアルバニア出身のラシム・ジェラレッディン・ビン・ファズル上級大尉が任命された。彼は、アブドュルハミド二世が亡くなるまで護衛隊長の任にあり、階級は中佐まで昇進し、共和国時代にはビレジク選出議員となった。フェトヒ参謀少佐とラシム上級大尉への交代に当たって、フェトヒは上からの命令に従って自分としては不十分な対応であったことを謝していたとアブドュルハミド二世の娘の一人は述べており、後任のラシムとともにアブドュルハミド二世一家には寛大な対応をしていたと述べている。

サロニカでのアブドュルハミド二世の家族の生活は、イスタンブルのハーレム時代の継続であった。アブドュルハミド二世と一緒にサロニカに来た娘たちの婚期が来ており、アブドュルハミド二世の廃位前に婚約したが、混乱のなかで結婚が延期されていた。アブドュルハミド二世は護衛隊長を通じて、彼女らの結婚式の実施を求めた。その結果、イスタンブルから婚約者が呼び寄せられて、護衛隊長や将校および関係者が加わる結婚式がおこなわれた。

父アブドュルハミド二世との回顧を著したアイシェ・スルタンは、一九〇九年にアフメド・ナミと婚約していたが、一九一〇年に結婚した。その後体調不良によりイスタンブルに居を移し、三人の子供ができたが一九一八年離婚した。二一年にメフメト・アリと再婚して一人の子供をもうけた。シャディエ・スルタンは、大宰相サイト・パシャの息子フアドと婚約していたが、サイト・パシャの三・三一事件以降の反アブドュルハミド二世活動が顕著となったため破局したが、新たにガリプ・パシャの息子のファヒルと婚約し、一九一〇年に結婚して子供を一人もうけたが、離婚した。共和国になって一九三一年にレシャド・ハリスと結婚した。レフィア・スルタンの場合は、アフメト・エユプ・パシャの息子で侍従のアリ・フアド少佐と婚約していたが、一二年になって結婚することができ、子供が三人いた。

アラティン離宮には、外部からの訪問は許可されていたため、旧知の人物などが訪れた。しかし、スルタン位復活計画を阻止するため、監視は厳重であった。しかし、しだいにアラティン離宮内での生活はイスタンブルのハーレムと同様に維持されていった。

❖イスタンブルへの帰還

一九一一年バルカン戦争が勃発した。オスマン帝国治下でバルカン諸民族（言語集団）のキリスト教徒はそれぞれが教会を構成していた。一四五三年のコンスタンティノープル征服以来、イスタンブルのギリシア正教会大主教が、バルカン半島の全キリスト教徒を管理する権限が与えられ、各民族の教会はギリシア正教会の管理下に置かれていた。このため、自立を求める教会はギリシア正教会と対立関係にあった。この対立を利用してオスマン政府はバルカン統治を続けていた。

しかし、一九一〇年七月統一と進歩委員会の影響下にあったオスマン政府は、教会法を制定した。これは、地域の人口の多数を占める教会が、学校や聖なる場所の保有を原則とする内容であった。このため、バルカンの各教会はこの教会法に激しく反発し、ギリシア正教会とバルカンの諸教会が結束し、一九一二年三月にブルガリアとセルビアが、五月にブルガリアとギリシアが、八月にモンテネグロとブルガリアが条約に調印し、バルカン同盟が成立した。同盟国は、ブルガリアが、マケドニアとエーゲ海北岸を、セルビアは一四世紀のセルビア王国が統治していたマケドニアを、ギリシアは北方のメゴラ、イデア地方を、モンテネグロはアルバニア北部のイシュコドゥラをオスマン帝国から獲得することを求めていた。アルバニアでは一九〇九年から独立運動が展開し、一二年には独立が実質的に承認された。

バルカン戦争によりサロニカのあるマケドニアはセルビア、ブルガリア、ギリシアが、各々隣接部分を占領した。開戦時に三国はサロニカへの進出を後回しにした。バルカン戦争時のオスマン政府は『大内閣』と言われる伝統的なオスマン政治家の重鎮アフメト・ムフタル・パシャが大宰相であり、統一と進歩委員会が野にあった。ブルガリア軍はトラキア地方全域に進出しマケドニア地方の一部を占領したが、オスマン軍の工作により、サロニカ州はギリシア軍に占領された。

サロニカにあったアブドュルハミド二世救出について、オスマン政府はメフメト五世に救出作戦のため船舶を派遣することを報告した。サロニカはまだオスマン軍の勢力圏であったが、沖にはギリシアの艦艇が遊弋《ゆうよく》し、すべての船舶の航行が制限されていた。このため外交特権を持つ大使館所属の船舶を使うことを考え、ドイツ大使館に交渉し、大使所有の船舶ローレライ号の派遣が決まった。サロニカではアラティン離宮管理の護衛隊長ラシムがアブドュルハミド二世の離宮退去を伝達したが、アブドュルハミド二世は「どうしてブルガリアとギリシアが同盟を結ぶのか。サロニカはイスタンブルの盾であるから、ここを敵に渡すわけにはいかない、銃を持ってくるように、最後の兵とともに戦うのだ。第三軍（マケドニア軍）第二軍（トラキア軍）の司令官は誰だ」などと言って退去を受け入れなかった。

バルカン諸国が統一的行動をとることに疑問を呈したアブドュルハミド二世は、彼の均衡政策によりギリシアとブルガリアは、教会問題で対立関係にあったが、統一と進歩委員会の政策により、バルカン諸国が同盟関係になったことを理解していなかったのである。この状況がイスタンブルに報告され、派遣船舶のローレライ号には、身内の説得力のあるアブドュルハミド二世の女婿たち、法務大臣のアリフ・ヒクメト・パシャ、アブドュルアジズの女婿の教育大臣メフメト・シェリフ・パシャが乗船し、一九一二年一〇月ローレライ号はチャナクカレーを出港した。サロニカで、これら同行者や周囲の説得でどうにか港の埠頭にきたアブドュルハミド二世とアラティン離宮の関係者を収容してローレライ号はイスタンブルへ向けて出航した。

一行を乗せたローレライ号はチャナクカレーに入港し、帰還の報は直ちにイスタンブル政府に伝達された。イスタンブル政府は翌日イスタンブルに帰着したローレライ号に直接アジア側のベイレルベイ宮殿前に投錨するように指示し、アブドュルハミド二世はベイレルベイ宮殿に移された。

オスマン政府はメフメト五世にアブドュルハミド二世のサロニカ退去に伴うイスタンブルでの居所について事前に相談、検討した結果ベイレルベイ宮殿となった。はじめはボスポラス海峡のベイコズ要塞を考えたが、幽閉感が強いので候補から外れた。さらにムラト五世の息子のセラハディン・エフェンディの居所として使用されているドルマバフチェ宮殿の近くにある以前火災で焼失したチュラアン宮殿の火災を免れた建物が選ばれたが、ユルドゥズ宮殿やドルマバフチェ宮殿に近く、事件の発生を恐れて候補から下げた。最終的に、隔離を徹底するために、母親が療養した対岸のベイレルベイ宮殿に決定した。

❖ベイレルベイ宮殿での幽閉

アブドュルハミド二世はイスタンブルに到着したとはいえ、市内から離れたベイレルベイ宮殿に幽閉された。しかし、しばしば訪問してきた娘のアイシェ・スルタンからイスタンブルの政治情勢は入手することができた。このため、一九一三年大宰相のキャミル・パシャが統一と進歩委員会のクーデタで失脚したときに、長年にわたって大宰相など重要な地位に登用したキャミル・パシャについて、人物は評価していたが政治手腕については評価していなかったと述べたといわれる。その一方で政府を構成した統一と進歩委員会のエンヴェルやタラートについて、よい政治をしているなどと語ったと言われる。また、三・三一事件で行動軍の司令官であり戒厳軍司令としてアブドュルハミド二世を廃位することに同調したマフムト・シェヴケト・パシャが一九一三年のクーデタで大宰相となり、その後まもなく暗殺されたことを知らされたときに、彼について人物的には評価していたと伝えられている。これらの言動は時の政権にすり寄ろうとする、彼の立場をよく表しているとも考えられる。

第一次世界大戦で、ゲリボル半島にイギリス・フランス連合軍が上陸すると、メフメト五世（レシャト）は「お兄さんすぐ準備してください。あなたをブルサに移送します。私はコンヤに移ります」と伝えたところ、「弟よ、何をしているのだ。我々は断固首都から逃亡してはならない。死守すべきである。我々は最後のビザンツ皇帝と同じになるべきだ。わたしはイスタンブルから絶対に出ない。ここで死ぬ覚悟がある」と応えたといわれる。しかし、ゲリボルの戦いはムスタファ・ケマルらの功績により上陸軍を撃退し、イスタンブルを放棄する事態にはならなかった。また、陸軍大臣兼参謀総長代理のエンヴェル・パシャがしばしばアブドュルハミド二世をベイレルベイ宮殿に訪れている。第一次世界大戦の開戦前のあるとき、オスマン帝国の対応を相談した。アブドュルハミド二世は「私はもう引退したので、現在の情勢に対処する方法は言えないが、制海権を握られたドイツとオーストリア・ハンガリーがどうすることができるかを考えることだ」と答えた。エンヴェル・パシャが帰ったあと側近に、「まもなく世界大戦がはじまるであろう、わが国の安全は中立である、もし介入するならばわが国は破滅するであろう」と述べたといわれる。アブドュルハミド二世の均衡政策の専門家の立場を明確に示している。

❖崩御

一九一八年二月一〇日、オスマン帝国の敗北が決定的になっていた状態の下、アブドュルハミド二世はベイレルベイ宮殿で亡くなった。

アブドュルハミド二世のサロニカ時代から私的主治医としてあったアトフ・ヒュセイン軍医中佐の回顧録にアブドュルハミド二世の病状について書かれている。また、ビレジック選出議員でイスマイル・ハク・ウズンチャルシュル上級教授のオスマン文書館の史料を使って一九四六年に発表した論文に、アブドュルハミド二世の終末について詳しく述べられている。

イスタンブルへ移ってから五年半後、アブドュルハミド二世は病気となった。二月に体調不良となり、風邪を引いたようで腹痛を訴え、主治医のアトフ・ヒュセイン軍医中佐の治療を受けた。亡くなる前日に主治医が不在の間、夜の八時半に病状が悪化したため、主治医が来る前にベイレルベイ病院の医師のエルキボヤディス、ニコライ・パラスキュヴァイディスが治療をし、その後主治医が到着した。

二人の診察結果によると、アブドュルハミド二世は呼吸困難となっており、肺は特に右にうっ血がみられ、心臓も鼓動が弱くなっていた。このため、止血剤としてスパルチンとテオブロミンを投薬した。これにより症状は少し改善されたが、病状は楽観できないため医学的専門家の検討が必要であると政府に報告したとある。

このため、一九一八年二月二三日朝、陸軍省からの命令で、ダリュヒュヌヌ（のちのイスタンブル大学）医学部学部長アリ・ムフタル、タクシム病院院長リファトがベイレルベイ宮殿に派遣され、宮殿で主治医と二人に医師から治療の様子を聞いて、午前一一時に診療をおこなった。

公文書の一三三四年二月一〇日（一九一八年二月二三日）付けの第六報告書によると、診察の結果、症状が落ち着いているので、血液検査をおこない、結果は問題ないとされた。このため医師団は現場を離れることになった。この報告書の最後に病人は診察の前日の夕食で大量の肉、魚、ボレキ（肉入り揚げ春巻き）、米、小麦粉製の砂糖菓子を食べて、その二時間後体調の不良が発生したので下剤のマグネシアとセンナを処方したと書かれている。

この診断結果を出して医師団がアブドュルハミド二世の傍《かたわ》らを離れたあと、しばらくして病状は悪化しその日の夜に崩御した。

崩御の知らせを受けて同日夜一〇時に、医師団が死亡確認に派遣された。この医師団は、医学部長・ムフタル、保健相次官アドナン、陸軍省衛生局第三部長サドゥク軍医大佐、ギュルハネ病院医局長Z．ゼリング軍医中佐、イスタンブル・ドイツ病院医局長シェライブ、保健庁医師イブラヒム・レフィキ少佐（のち保健大臣となるレフィキ・サイダム）、そしてタクシム病院のリファト、主治医のアトフ・ヒュセイン軍医中佐からなっていた。

アブドュルハミド二世の遺体は、翌日ベイレルベイ宮殿からトプカプ宮殿に船で移されて、納棺された。息子たちや後継者ヴァフデッティン、閣僚や政府高官の弔問を受けて、儀式を執りおこない、アザーン時間九時（イキンディ）に葬列を仕立てて、ディヴァン・ヨルを通って、父アブドュルメジドが建てた祖父マフムト二世の廟の叔父アブドュルアジズの傍らに埋葬された。葬列にむかって大衆は「あなたの時代に我々は空腹を経験しなかった」と叫んだといわれる。第一次世界大戦の最中であるこの時、イスタンブルの民衆は食料の欠乏状態にあった。

アブドュルハミド二世関係年譜

西暦	アブドュルハミド二世およびその関係史	世界の情勢
一八四二	アブドュルハミド二世誕生	アヘン戦争終結、南京条約締結
一八四七	カジャール朝と国境確定（エルズルム条約）	フランス、アルジェリア征服
一八四九	バルタ・リマン条約締結	
一八五三	母親ティリミュジギャン・カドゥン逝去	クリミア戦争（〜五六）
一八五八	ガラタサライ・リセ設立	
一八五九		スエズ運河着工（一八六九年完成）
一八六一	父親アブドュルメジド崩御 アブドュルアジズ即位	ルーマニア公国成立
一八六八		明治維新
一八六九	ミドハト・パシャ、バグダード州知事（〜七二）	
一八七一		オスマン帝国イェーメン占領
一八七五		イギリス、スエズ運河会社株をエジプトから購入
一八七六	アブドュルアジズ廃位 ムラト五世即位・廃位 アブドュルハミド二世即位 バルカン方面の戦争でセルビアに戦勝	エジプト債務管理委員会設立 イギリスとフランス、エジプトを管理下に置く

	ミドハト・パシャ、大宰相となる イスタンブル会議 憲法の公布	
一八七七	アブドュルハミド二世、ミドハト・パシャを政策の対立により大宰相を罷免し国外追放 最初の国会召集 ロシアの宣戦布告（九三年戦争の開始） ロシア軍エディルネ攻略後イスタンブル近郊に来襲	
一八七八	アブドュルハミド二世国会を閉鎖 イェシルキョイ（アヤステファノス）講和条約 オスマン人協会詩人ズィヤ・パシャ没	ベルリン会議、条約締結 イギリス、キプロスを領有
一八七九	フランス、チュニジアを占領保護国とする（条約を強制するも、アブドュルハミド二世は拒否） ギリシアへテッサリアとノルダを割譲	
一八八一	ヤンヤをギリシアから奪還 アブドュルアジズ殺害容疑でミドハト・パシャをユルドゥズ法廷で裁判し、死刑の判決を下すも、無期刑に減刑し流刑に処す 外国借款が返済不能となり国際債務委員会を設立	エジプトでオラビーの反英闘争始まる（〜八二）

一八八二		イギリス、エジプト保護国化
一八八四	タイフへ流刑となったミドハト・パシャとダマド・マフムト・パシャの暗殺	ブルガリアの東ルメリー州併合要求に対し、オスマン帝国の州としてブルガリア大公を州知事に任命
一八八七	ナームク・ケマル没	
一八八九	統一と進歩委員会結成 エルトゥルル号日本に向けて出港　翌年串本沖で遭難	
一八九三	イスタンブル大地震	
一八九四	イスタンブル、アナトリアでアルメニア人反乱	日清戦争（～九五）
一八九五	イスタンブルのオスマン銀行にアルメニア人立て籠もり	
一八九七	ギリシアへ宣戦布告（ギリシア＝オスマン戦争）	
一八九六		ヘルツル『ユダヤ人国家』出版
一八九七		列強クレタ島の自立宣言
一九〇〇	ヒジャズ鉄道着工（一九〇九年全通）	
一九〇一	マケドニア反乱、三州総督府設置	
一九〇二	ブルガリア人マケドニアで反乱 第一回青年トルコ人会議	
一九〇三	ムラト五世没	
一九〇四		日露戦争（～〇五）

一九〇五	マケドニアの経済混乱による増税	
一九〇六	第二回青年トルコ人会議 統一と進歩委員会サロニカ本部を設立	
一九〇八	憲法の復活（自由の宣言） 第二次立憲制下の国会召集	ブルガリアの独立（東ルメリー州併合） オーストリア、ボスニア・ヘルツェゴビナ併合
一九〇九	三・三一事件、行動軍イスタンブル制圧 アブドュルハミド二世の廃位、サロニカ幽閉	
一九一一	イタリア、トリポリ軍上陸（オスマン＝イタリア戦争）	
一九一二	アブドュルハミド二世サロニカ脱出 イスタンブルに帰還するもベイレルベイ宮殿に幽閉	日本、明治から大正に改元 第一次バルカン戦争
一九一三	エンヴェルらのクーデタ。キャミル・パシャ内閣倒壊	第二次バルカン戦争
一九一四	オスマン帝国、第一次世界大戦参戦	第一次世界大戦（〜一八）
一九一八	アブドュルハミド二世逝去	

参考文献（アブドュルハミド二世）

"*Osmanlı Ansiklopedisi*" İstanbul 1983 （オスマン百科事典）

"*The Hejaz Railway; album of photograph*" İstanbul 1999 （ヒジャズ鉄道の写真集）

"*Geçmişte Yıldız Sarayı*" İstanbul 1988 （過去のユルドゥズ宮殿）

"*İbrahim Temo'nun İttihad ve Terakki Anıları*" İstanbul 1987（イブラヒム・テモの回顧録）

"*Sultan Abdülhamid Tahsin Paşa'nın Yıldız hatıraları*" İstanbul 1990 （スルタン、アブドュルハミド二世―タフシン・パシャの回顧録）

"*İkinci Meşrutiyetin İlânı ve Otuzbir Mart Hâdisesi*" Ankara 1991（憲法復活の宣言と三・三一事件）

Ufuk Gülsoy: "*Hicaz Demiryolu*" İstanbul 1994 （ヒジャズ鉄道）

Tarık Tunaya: "*Hürriyet İlânı*" İstanbul 1959（自由の宣言）

Enver Ziya Karal: "*Osmanlı Tarihi*" cilt.8 Ankara 1995（オスマン史）

"*Sultan II. Abdülhamid'in Sürgün Günleri … Hususi Doktoru Atıf Hüseyin Bey'in Hatıratı*" İstanbul 2003 （アブドュルハミド二世の流刑の日々…私的医師アトフ・ヒュセイン・ベイの回顧録）

"*Osmanlı Devletinde Kim Kimdi ?*" Ankara 1996 （オスマン国家の人名事典）

Y. Hikmet Bayur: "*Türk İnkılâbı Tarihi*" Cilt. I～III Ankara 1991（トルコ革命史）

Ali Fuad Türkgeldi: "*Görüp İşttiklerim*" Ankara 1987 （見聞録）

"*Sultan Abdülhamit Siyasi Hatıratım*" İstanbul 1975 （スルタン、アブドュルハミド二世の政治回顧）

Ayşe Osmanoğlu: "*Babam Sultan Abdülhamid (Hâtıralarım)*" Ankara 1986（父、スルタン、アブドュル

ハミドの私の思い出）
Komatsu Kaori: "*Ertuğrul Faciası; bir dostluğun doğşu*" Ankara 1992 （エルトゥルル号事件―友好の誕生）
Misawa Nobuo: "*Ertuğrul Faciası'na dair Hakikatler*" İstanbul 2008 （エルトゥルル号事件の真実）
新井正美『トルコ近現代史』二〇〇一　みすず書房
永田雄三編『西アジア史　Ⅱ イラン・トルコ』二〇〇二　山川出版社
『トルコ　その人々の歴史』一九八一　帝国書院
佐々木紳『オスマン憲政への道』二〇一四　東京大学出版会
長谷部圭彦、三沢伸生『オスマン帝国と日本』二〇一八　東洋大学アジア文化研究所

画像出典（特に記載のない画像については、次の文献から引用した）

"*Osmanlı Ansiklopedisi*" İstanbul 1983
"*Geçmişte Yıldız Sarayı*" İstanbul 1988
"*İbrahim Temo'nun İttihad ve Terakki Anıları*" İstanbul 1987
"*Sultan Abdülhamid Tahsin Paşa'nın Yıldız hatıraları*" İstanbul 1990
"*İkinci Meşrutiyetin İlânı ve Otuzbir Mart Hâdisesi*" Ankara 1991
『トルコ　その人々の歴史』一九八一　帝国書院
佐々木紳『オスマン憲政への道』二〇一四　東京大学出版会
長谷部圭彦、三沢伸生『オスマン帝国と日本』二〇一八　東洋大学アジア文化研究所

さくいん

新《しん》・人《ひと》と歴史《れきし》　41
アブドュルハミド二世《にせい》
西欧《せいおう》へのオスマン帝国《ていこく》の抵抗《ていこう》

定価はカバーに表示

2021年7月25日　　初　版　第1刷発行

著　者　　設樂《しだら》　國廣《くにひろ》
発行者　　野村　久一郎
印刷所　　法規書籍印刷株式会社
発行所　　株式会社　**清水書院**
〒102－0072
東京都千代田区飯田橋3－11－6
電話　03－5213－7151㈹
FAX　03－5213－7160
http://www.shimizushoin.co.jp

カバー・本文基本デザイン／ペニーレイン
乱丁・落丁本はお取り替えします。　ISBN978－4－389－44141－8